B2B 경영, 훅하고 딜하라

배재훈 전 현대상선 대표의 글로벌 시장 정복 전략

B2B 경영, 훅하고 딜하라

DEAL

배재훈 지음

포르★세

LG전자에 B2B를 관장하는 BS(Business Solutions) 사업 본부가 신설된 후, 배재훈 대표께서 영업, 마케팅 분야의 총괄 책임자로 B2B 사업의 핵심 프로세스를 구축하면서 그 뿌리를 단단하게 만들어 가는 것을 옆에서 직접 볼 수 있는 기회가 있었다. 이 책은 전략, 영업, 마케팅 그리고 인재 관리까지 경영 전반을 폭넓게 다루고 있다. LG전자 이후 물류회사, 해운회사 대표를 거치며 현장에서 터득한 경험과 노하우가 드디어 세상에 나온 것이다. 그가 수년 전 기고했던 추천사를 다시 전달해 드린다. "이 책을 통해 더욱 강화된 전문 지식을 바탕으로 많은 B2B 성공 사례가 생겨나고, 또 대한민국의 경제 발전이 조금 더 성숙한 단계로 도약하는 데 기여하길 기대해 봅니다."

권봉석 (LG COO)

LG전자 부회장 CEO가 되고 모바일 핸드폰의 부흥을 이끌 당시 '초콜릿폰'이라는 획기적인 신제품으로 단숨에 글로벌 시장에서 인지도와 시장 점유율을 올린 배재훈 대표가 드디어 세상에 책을 내놓았다. "성공한 기업에는 프로세스가 있다"는 말에 전적으로 공감하는 바다. 바꿔 말하면 프로세스가 있는 기업이 성공한다는 의미다. 이 책을 통해 성공하는 기업의 프로세스를 엿보고 경영의 초석을 다질 수 있기를 바란다. 미래 경영에 관심이 있다면, 이 책이 유용한 길잡이가 되어 줄 것이다.

김쌍수 (LG전자 前 부회장, 한국전력공사 前 사장)

글로벌 물류회사인 LX 판토스 대표이사로 있었고, 직전까지 HMM 대표이사로 한국 해운 재건에 열심이었던 배재훈 현 코치협회 수석 부회장이 드디어 책을 펼쳐냈다. 내용은 뜻밖에도 코칭이나 물류, 해운이 아닌 B2B 경영이었다. 그가 LG전자에서 주로 B2B 관련 업무를 수십 년간 해온 것을 생각하면 납득이 간다. 이 책은 그의 경영 노하우의 총집합이다. 경영과 관련해 꼭 필요한 경영 지식이 구슬처럼 꿰어 있는 책이다.

정태순 (장금상선 회장, 한국해운협회 회장)

경영자의 삶은 언제나 다이나믹한 도전의 연속이다. 특히 최근에는 기술과 트렌드가 숨 가쁘게 변화하기 때문에 경영자는 매 순간 정확히 판단하고 과감하게 결정해야 한다. 《B2B 경영, 혹하고 딜하라》에는 반도체에서 통신, 해운에 이르기까지 40년이 넘는 저자의 경영 노하우가 담겨 있다. 현장감 있는 사례로, 쉽고 명쾌하게 경영이란 무엇인가 전달한다. 한 명의 슈퍼플레이어보다 시스템과 인재를 중요하게 생각하는 저자의 경영 철학이 많은 경영자에게 시대와 업종을 관통하는 깊은 통찰과 혜안을 열어줄 것으로 기대한다.

구자열 (한국무역협회 회장)

반도체 엔지니어부터 시작해 '초콜릿폰'의 마케터, 후진 양성을 위한 학자, 또 글로벌 물류대란에 힘겨워하는 수출 기업의 구원투수까지. 저자의 자기 혁신은 현재 진행형이다. 그런 그가 저성장과 불확실성의 시대에 지속 성장을 고민하는 경영자를 위해, 그동안의 풍부한 제조-생산-판로-물류 경험과 데이터로 뒷받침되는 이론과 사례를 바탕으로 한 경영 지침서를 출간한다. 이 책을 통해 중소벤처기업들이 프로세스 내재화를 통한 창의적 제품 개발, 이를 성공으로 연결시키는 영업과 마케팅 그리고 지속 성장을 위한 인재 육성에 깊은 통찰과 해법을 얻을 수 있기를 바란다.

김학도 (중소벤처기업진흥공단 이사장)

경영의 백전노장인 배재훈 대표의 경험과 공부 내용을 집대성한 책이다. 특히 B2B 영업 마케팅에 대해 파이프라인 관리부터 협상까지 풍부한 인사이트를 준다. 현실감 넘치는 고객 사례와 경험을 간접 체험하며, 경영에 중요 프레임을 얻었다. 재치 있고 실용적인 저자의 지략을 대하는 듯한 책으로, 비즈니스에 관심 있는 독자들의 일독을 권한다.

고현숙 (국민대 교수, 코치경영원 대표코치)

성공한 기업은 어떤 과정을 거쳐 성공했을까? B2B 사업은 대상 고객, 접근 방식, 거래 결정 방식, 판매제품과 서비스, 유통 등 B2C 기업과 기본적으로 다른 특징이 있다. 저자는 전자제품 설계 엔지니어로 출발해 종합상사 및 전자회사의 해외 주재원과 법인장, 본사 영업 마케팅 담당 임원을 거쳐 물류회사와 해운회사 대표이사로 40년 이상 현장에서 익힌 지식과 지혜 및 통찰을 이 책에 담았다. 성공한 기업은 개인이 아닌 조직의 힘에 따른다는 저자의 경영철학은 우리에게 큰 인사이트를 준다. 자사 분석과 계획 수립, 창의적인 제품 개발, 차별화된 영업과 마케팅, 핵심 인재 관리 등 경영의 전 차원에서 독자들에게 큰 도움을 줄 것이다. 저자의 말처럼 이 책을 통해 중견 · 중소기업이 국내를 넘어 세계 챔피언으로 거듭나리라 확신한다.

김영헌 (한국코치협회 회장)

배재훈 선배는 직업이 CEO다. 45년 동안 직장 생활을 하며 임원을 20년 했고, 사장을 9년이나 했다. 잠깐이지만 대학교수 생활도 3년 했다. 학부에서는 전자공학을 전공했지만, 회사 생활을 하며 경영학 박사를 땄다. 문(文)과 리(理)를 섭렵하고 무(武)까지 겸비한 분이다. 경영을 잘하는 CEO는 많지만 생산 기술까지 파악하여 이를 회사 경영에 두루 반영할 줄 아는 CEO는 드물다. 월 1조 원 수익으로 해운업계를 놀라게 한 HMM의 초성장도 그가 세운 기록이다. 그의 손을 거치며 HMM은 모든 이들이 탐내는 우량, 거대 글로벌 기업으로 탈바꿈했다. 그가 갈고 닦은 경영 노하우가 드디어 빛을 발했다. B2B 기업의 성장을 위한 지침서로, 기업을 글로벌 기업으로 키우길 희망하는 분들에게 새로운 참고서가 생겼다. 이 책이 많은 독자에게 통찰력을 제공하길 희망한다.

김대영 (매일경제신문 산업부장 겸 지식부장(부국장))

LG전자에서 오랫동안 함께 일했던 배재훈 전 HMM 대표가 LG전자, LG반도체 등 LG그룹 B2B 사업 역사의 산증인으로, 다양한 사업 분야에서 글로벌 시장을 누비며 체득한 경험과 지식을 농축한 책을 펴낸 것에 경의를 표한다. 내가 LG전자 초대 B2B 사업 본부장을 맡아 사업 전략을 수립하고 운영해 본 경험으로 볼 때, 이 책은 B2B 사업을 하고 있거나, 진입하고자 하는 중견·중소기업 경영인뿐만 아니라 B2C 기업이나 대기업 임직원에게도 추천하는 바다. 이 책은 모든 경영인에게 치열한 글로벌 시장으로 나아갈 수 있도록 실전 지침서 역할을 할 것이다.

황운광 (대림대 총장)

성공하는 경영은
개인이 아닌 조직의 힘을 따른다

세계의 경제가 거미줄처럼 얽혀 상호 작용하는 오늘날, 코로 나19의 영향으로 세계 경제가 과거 한 번도 경험해 보지 못한 길을 걸어가고 있다. 미국 경제가 조금 회복세를 보이고 있긴 하 지만 과거 미국의 서브 프라임 모기지와 관련해서 일어난 금융 불안이 이미 유럽을 포함한 전 세계를 휩쓸었다. 최근에는 미국 과 중국의 무역 갈등과 코로나19로 인해 촉발된 불확실성과 저 성장 시대를 헤쳐나가기 위해 많은 기업이 생존을 위한 새로운 돌파구를 찾아야 하는 상황이다. 뿐만 아니라 인공지능, 사물 인 터넷, 빅데이터 등의 신기술이 어우러져 만들어 내는 4차 산업 혁명이 이미 쓰나미처럼 밀어닥쳤다. 기업들은 이에 발 빠르게 변화에 적응하여 새로운 길을 찾고 개척해 나가야 한다.

이런 상황에서 국내 중견·중소기업 경영인들은 변화에 한발 빠르게 대응하기 어렵거나, 글로벌 시장으로 나아가는 단계에서 이 벽을 어떻게 뛰어넘어야 할지 막막하게 느껴질 수 있다. 특히 B2B로 사업 영역을 확장하거나 세계 시장으로 규모를 키워 나가는 과정에서 다양한 시행착오를 겪기도 할 것이다. 《훅하고 딜하라》는 국내 중견·중소기업이 동네 골목의 강자를 넘어 세계 챔피언으로 거듭나는 데 도움이 되길 바라는 마음으로 쓰기 시작했다.

기업을 유지하고 확장하는 일은, 즉 다양한 자원을 가장 효율적으로 활용하고 의사 결정을 하여 치열한 경쟁 시장에서 생존해야 한다는 뜻이다. 이에 더해 창의적인 아이디어를 통한 신제품으로 전 세계에서 독자적인 위치로 발돋움한다면 상상 이상의 큰 가능성을 만나볼 수 있다. 그 과정에서 경영 방식은 과감하고 또 섬세해야 한다. 누구보다 강단 있고, 유연해져야 한다. 매 순간 선택하고 끊임없이 의사 결정을 내려야 하는 경영인들이 모든 관문에서 보다 효율적인 방법으로 목표를 달성해 나갈 수 있길 바라며, 그에 따른 실질적인 방법들을 차근차근 제안해 보고자 한다.

글로벌 시장을 향한
첫걸음

복싱이든 격투기든 골목대장이 아닌 세계 챔피언이 되기 위해서는 그 종목에 따른 경기의 규칙과 기술을 연마해야 한다. 또한 세계 무대의 강자들을 알고 그들의 기술에 대비한 역량을 키워야 한다. 직접 소비자를 대상으로 제품이나 서비스를 판매하는 중견·중소기업도 있지만, 많은 경우 대기업에 부품이나 중간재를 납품하는 식의 B2BBusiness to Business 사업을 진행하고 있다. 시중에 많은 경영·마케팅 서적이 있지만 B2B 사업과 관련한 전략 수립이나 영업, 마케팅에 대해서는 구체적인 지침서가 많지 않은 현실이다.

어떤 분야의 사업이든 일을 하다 보면 B2B와 B2CBusiness to Consumer에 대한 기본적인 이해를 바탕에 둘 필요가 있다. 기본적으로 B2B와 B2C의 개념부터 한번 짚고 넘어가자면, B2C는 기업에서 일반 소비자를 대상으로 하는 판매 형태를 뜻한다. 쉽게 말해 자동차나 TV, 냉장고 등을 만들어 소비자에게 판매하는 일반적인 방식을 생각하면 된다. B2B는 일반 소비자가 아니라 기업을 대상으로 하는 사업이다. 즉, 자동차용 철판이나 TV에 필요한 LCD 판넬, 냉장고용 컴프레셔 모터처럼 다른 기업에 필요한 물품을 판매하는 방식이라고 보면 된다. 기업을 대상으로 전산 시스템을 깔아 주거나 청소를 해 주는 회사도 마찬가지다. 제품이 아니라 서비스를 파는 것만 다를 뿐 대상 고객이 일반 소비자가 아닌 기업이므로 B2B에 속한다. 다만 꼭 이분법으로 분류되는 것은 아니고, 많은 기업이 B2B 사업과 B2C 사업을 동시에 하기도 한다. 예를 들어 타이어 회사에서 자동차 회사의 차 생산을 위해 타이어를 납품하면 B2B 사업이고, 일반 소비자에게 타이어를 판매하면 B2C 사업이 되는 것이다.

B2B 시장은 어디까지를 기준으로 할 것인지 정의에 따라 차이가 나기도 하고, 정확한 시장 규모를 알려 주는 데이터를 찾아보기도 어렵다. 다만 완성된 제품을 판매하는 B2C 기업에서는 그 완제품 생산을 위해서 부품이나 장비를 구매하기 때문에 B2C만큼 B2B의 영역도 매우 넓다. 또한 기타 의료 장비, 빌딩 관제 장비, CCTV 카메라를 포함한 보안이나 방범용 장비 등 소비재 상품 생산과 관계없는 장비나 특정한 솔루션을 제공하고 이를 유지 보수하는 분야도 있다. 이러한 것까지 고려하면 오히려 B2C보다 B2B 시장의 규모가 크고, 심지어 그 시장 규모가 2배 이상 된다고 보는 견해도 있다.

마쓰시타(현 파나소닉)나 소니 같은 일본 가전 업체들도 B2B 시장으로 활발히 방향 전환을 꾀하고 있다고 알려져 있다. 지금까지 주로 국내 특정 대기업에 납품하며 성장해 온 중견·중소기업들도 이제는 생존과 지속적인 성장을 위해 글로벌 시장 진출을 통한 고객 다변화가 절실한 상황이다. 대학에서 산학협력 담당 부총장으로 재직하던 당시 국내 굴지의 자동차 기업에 납품해 오던 1차 벤더 업체가 도산했다는 뉴스를 접하기도 했다. 이미 B2C를 기반으로 성장해 온 대기업들도 이제는 보유한 기술력을 바탕으로 B2B 시장으로 진출을 모색해야 할 때다.

새로운 시장에 걸맞은 경쟁력을 갖춰야 한다

시장을 확장하고 글로벌 시장에서 새로운 고객을 창출하기 위해서는 새로운 접근법이 필요하다. 상품 개발과 생산 품질 관리 측면에서 이미 글로벌 시장에서 경쟁력을 갖춘 국내 대기업들이 많기 때문에, 기업들과 거래하고 있는 기업이라면 이미 어느 정도 경쟁력이 있다고 볼 수 있을 것이다. 하지만 그동안 몇몇 대기업 납품에만 의존하면서 관계 중심의 영업을 해 온 기업들이라면 앞으로 영업과 마케팅 측면에서도 새로운 발전이 있어야 살아남을 수 있다.

B2B는 개인이 상품을 구매하는 것이 아니라 기업이 대상이기 때문에 B2C 사업과는 그 성격이 여러모로 다르다. 우선 B2B 사업의 기본적인 특징을 항목별로 간단히 정리해 보면 옆의 표와 같다.

대상 고객	소수의 특정 기업이나 기관의 조직. 조직 내에서도 중요 의사 결정권자와 좋은 인간관계를 갖고 유지해 나가는 것이 중요하다.
접근 방식	개별 접촉, 혹은 기술 잡지 등 전문 매체나 전시회 등을 통해 이루어진다. 최근에는 인터넷을 활용한 방법도 늘어나고 있다.
구매 혹은 거래 결정 방식	제품이나 서비스의 품질과 기술에 대한 검토 후, 협상이나 입찰 방식으로 가격 결정이 이루어진다. 따라서 영업 인원의 협상 능력이 매우 중요하다.
거래 기간	반복적으로 이루어지는 경우가 많다.
판매 제품과 서비스	표준 형태로 납품하기도 하지만 특별 주문으로 맞춰지는 경우가 많다. 이 경우, 주문량과 상관없이 제품과 서비스 개발에 들어가는 노력은 비슷한데 기업이 가진 자원은 한정된 만큼 사업 성사 가능성과 사업 규모, 경쟁 관계 등을 잘 살펴서 대상 기업과 우선순위를 정해야 한다.
유통	B2B에서는 도매상이나 소매상 같은 중간 유통 단계 없이 직접 유통되는 경우가 대부분이다.

B2B 사업의 기본 특징

이처럼 일단 판매가 이루어지기 위해서는 대상 기업의 구매 부서와 연구소 생산 부서 등 의사 결정에 관련된 인원이 많고, 대부분이 그 분야의 전문가들이다. 그래서 가격이나 납기뿐 아니라 기술이나 품질 역시 구매 의사 결정의 중요한 요소가 된다. 구매 의사 결정을 내리는 데 영향을 주는 중요 인사, 즉 키맨Key Man과의 인간관계 또한 핵심 요소 중 하나다.

또한 B2C 사업의 경우는 영업 대상 소비자 전체를 다루게 된다. 그래서 소비자에게 기업의 제품이나 서비스를 알리기 위해 주로 TV, 신문 광고 등의 대중 매체, 또 최근에는 SNS나 입소문에 의한 마케팅을 많이 활용한다. 반면 B2B 사업의 경우는 고객의 폭이 상대적으로 적다고 볼 수 있다. 그래서 직접 마주하는 대인 관계 영업이 더욱 중요하다. 과거에는 소위 '형님 마케팅'이라고 하는 인맥이나 술 접대 등이 영업의 중요한 일부가 되기도 했다. 이렇다 보니 영업에 전체 영업 사원들이 가진 자원을 골고루 활용하기보다 업체 대표를 포함한 몇몇 특정 인물 중심으로 영업 활동이 이루어지는 형태가 보통이었다. 이 때문에 이들이 가진 노하우가 회사의 자원으로 남아 있지 않고 개인에 의해 관리되는 경우가 많아, 주요 인물이 퇴직하면 영업 활동의 맥락이 끊기는 문제가 많이 발생했다.

앞으로 B2B 시장에서 경쟁력을 갖추려면 B2B 사업의 특징을 이해하는 동시에 어떻게 더 효율적이고 지속 가능한 방식을 채택할지 본질적으로 고민해야 한다. 개인의 역량에 기대어 코앞에 닥친 업무만 해결할 것이 아니라, 본질적으로 기초 체력부터 다져야 어떤 환경에서든 쉽게 적응하고, 더 나아가 글로벌 시장에서 마음껏 재량을 펼칠 수 있을 것이다. 따라서 B2B 사업에 대한 이해를 바탕으로 앞으로의 시장에서 경쟁력을 갖추기 위한 맞춤 전략과 대비가 필요하다.

우수한 기업은
튼튼한 프로세스가 있다

우리가 쉽게 알 수 있는 B2B 기업과 B2C 기업을 대표적으로
살펴보면 다음 표와 같다.

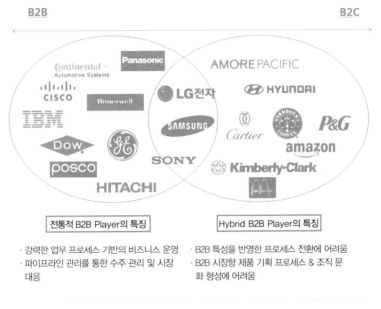

B2B 기업과 B2C 기업

왼쪽 원은 B2B 사업, 오른쪽 원은 B2C 사업을 하는 기업들이
다. 그리고 두 개의 타원이 겹치는 부분에 있는 LG전자, 삼성전

자, 소니 같은 회사들은 B2B와 B2C 사업을 동시에 하는 하이브리드Hybrid B2B 기업으로 분류한다. 이 기업들은 일반 소비자를 대상으로 판매하는 TV, 냉장고 등의 가전제품뿐만 아니라 자동차나 전자제품에 들어가는 각종 부품과 상업용 디스플레이, 방송 장비, 보안 관련 장비 등의 여러 B2B 제품들을 함께 다루고 있다. 한 기사에 따르면 2017년 기준으로 삼성전자와 LG전자의 B2B 매출 비중은 각각 40%, 30%를 넘어서고 있다고 한다.

이를 포함해 B2B 중심의 사업을 성공적으로 하고 있는 기업들은 공통적인 특징이 있다.

1. 우수한 제품 개발 Process
2. 영업과 마케팅이 Process에 의해 이루어진다
3. Process화된 Customer Intimacy와 협상 Skill이 있다
4. 영업망 관리도 Process에 의한다
5. 인력을 중시하고 끊임 없이 배운다

성공한 B2B 기업에는 Process가 있다
(개인기가 아닌 조직 역량의 힘)

B2B 사업으로 성공한 기업의 특징

B2B 사업으로
성공한 기업의 특징

먼저 알아야 할 것은 우수한 제품 개발 프로세스를 가지고 있어 신제품의 품질이나 생산성, 그리고 시장에서의 실패 가능성을 현저히 낮춘다는 점이다. 영업과 마케팅 또한 프로세스에 의해 이루어지기 때문에 특정 개인이 아니라 조직의 힘에 의해 움직인다. 고객과의 친화적 관계 형성Customer Intimacy도 프로세스에 기반하며, 영업 관련 직원은 협상 기술Negotiation Skill을 잘 숙지하고 있다. 영업망 관리 역시 프로세스에 기반하며, 인력을 중시하는 것도 특징이다. 인재를 키우고 적재적소에 인력을 배치하며, 개인이 성장하면서 필요한 역량을 갖추어 나갈 수 있도록 체계적인 교육 제도를 운영하고 있다.

우수한 B2B 기업들이 가지고 있는 특징을 반대로 말하자면, 중견·중소기업이 가지고 있는 갈급한 문제들은 이러한 프로세스를 따르지 않는 데에 기반한다고 볼 수 있다. 성공하는 B2B 기업은 개인이 아닌 조직 역량의 힘을 갖추고 있다. B2B 기업이 튼튼한 프로세스를 갖춰 국제 경쟁력을 키워 나가기 위해서는 어떤 문제를 해결하고 어떤 방향성으로 나아가야 하는지 알아야 한다.

그동안 40년 이상 회사 생활을 하면서 전자제품 설계 엔지니어부터 출발해 종합상사 및 전자회사의 해외 주재원과 법인장, 본사 영업 마케팅 담당 임원을 거쳐 계열 물류회사 대표이사와 해운회사 HMM의 대표이사로 재직하면서 많은 경험과 연구를 거듭했다. 또한 이 경험을 바탕으로 회사에서 B2B 관련 영업을 하며 늦깎이로 경영학 박사과정 공부를 마쳤다. 그 과정에서 전 세계 소위 잘나가는 B2B 기업들이 공통적으로 가진 사업 프로세스와 경영 방식 등에 대해 배우고 느끼는 점이 많았다.

이 책은 회사의 방향성이나 보완해야 할 점 등 경영 전반 이슈에 대한 노하우를 알려 주는 일종의 마중물이라고 볼 수 있다. 부족한 부분이나 더 발전해야 하는 부분을 파악한 뒤 책에서 설명한 내용을 바탕으로 좀 더 깊게 연구하거나, 혹은 외부 전문가의 도움을 받아 각 기업에 맞는 경영 체계를 갖추어 나가기를 권한다. 새롭게 B2B 사업에 입문하고자 하는 기업과 후배들에게 앞선 경험과 정보를 공유하고, 세계로 뻗어가는 원대한 꿈을 꾸는 데에 작은 보탬이 될 수 있기를 바라는 마음이다.

2022년 11월,

배재훈

목차

1장

성공의 판을 만들어라

: 자사 분석과 계획 수립

2장

혁신을 위해 훅하라
: 창의적인 제품 개발

3장

성공을 향해 달하라

: 차별화된 영업과 마케팅

4장

한계를 뛰어넘어라

: 핵심 인재 관리

성공의 판을 만들어라

자사 분석과 계획 수립

1.

나를 알고
상대를 알아야 한다

知彼知己

보스턴컨설팅그룹의 수석 부사장 이마무라 히데아키는《보스턴컨설팅그룹의 B2B 마케팅》이라는 책에서 "B2B 마케터는 시장을 이해할 때 생태학자가 숲을 관찰하듯이 해야 한다"고 말했다. 단순히 숲의 외형적인 모습만 보라는 것이 아니라, 그 안에서 일어나고 있는 생태계의 모든 상호 작용을 포괄적으로 파악해야 한다는 뜻이다. 이렇듯 B2B 사업에서 내가 속한 특정 영역에만 집중하는 것이 아니라 시장 전체의 생태계를 살피는 눈은 매우 중요하다. 또한 새로운 시장을 개척하기 위해 상품이나 서비스를 개발하기에 앞서, 우선 자사의 역량과 자사를 둘러싼 사업 환경에 대해서도 충분히 이해하고 있어야 한다.

많은 사람이 건강 관리를 위해 매년 정기 건강 검진을 받고 있지만, 막상 내가 일생에서 대부분의 시간을 보내는 소중한 기업을 위한 건강 검진에는 소홀한 경우가 많다. 기업도 우리 몸과 마찬가지다. 조기에 미리 발견하여 조치하면 쉽게 해결할 수 있는 일들이 너무 늦게 발견되어 돌이킬 수 없는 결과로 이어지기도 한다. 경쟁을 위한 전략을 수립하는 것도 중요하지만, 세계 시장에 나가서 싸우기 위해서는 내 몸의 강점과 단점에 대해서 먼저 이해하고 손에 딱 맞는 무기를 갖춰야 할 것이다.

이렇게 자사에 대하여 분석하고 시장의 생태계에서 일어나는 상호 작용을 볼 수 있는 툴Tool로 활용되는 것으로는 3C 분석, 가치 사슬, SWOT 분석, 5 Forces 이론 등이 있다. 완벽하지는 않지만 기본적으로 참고하고 도움을 받을 수 있는 툴이므로 알아 두는 것이 좋다. 물론 이미 이론적으로 알고 있는 분들도 많겠지만, 구슬이 서 말이라도 꿰어야 보배라고 하지 않던가. 단편적인 이론들을 실제 기업 현장에서 활용하는 방법에 대해서도 구체적으로 살펴보면 도움이 될 것이다. 국내 자동차 회사에 부품을 납품하는 한 B2B 회사인 A사의 예를 가정하여 각 분석법을 구체적으로 살펴보자.

전략 수립을 위한 첫 단계,
3C 분석

3C란 자사Company, 경쟁사Competitor, 고객Customer을 말한다. 자사가 나아가고자 하는 전략을 짤 때 이 3가지 요소에 대한 정확한 분석이 먼저 이루어져야 한다는 것이다. 이는 주로 상품 개발, 영업 마케팅 전략, 그리고 경쟁사와의 경쟁 전략 등을 수립할 때 많이 활용된다. 그렇다면 앞서 가정한 A사의 3C 상황은 어떨까.

자사 Company 일단 A사는 자동차의 창문을 올리거나 내릴 때 필요한 저속 모터를 이용한 기계 장치를 주력 생산한다. 또 기타 각종 센서와 관련된 전자제품을 생산하여 자동차 업체에 납품하고 있다. 처음에는 기존에 있는 저속 모터를 수입하여 사용했으나, 최근에는 국산화에 성공하여 자체 생산이 가능해졌다. 회사 대표는 국내 H자동차에서 생산 관련 임원으로 지낸 경력이 있어, 자동차에 대한 전문 지식을 갖추고 있으며 관련 분야에 인맥도 넓다. 임원급을 비롯해 일반 간부 사원들도 국내 자동차 회사나 자동차 부품 회사에 다녔던 경력직 출신이 대부분이다. 일반 사원들의 경우는 A사가 첫 직장이고, 전문적인 연구를 위한 기계공학과 전자공학 박사 출신 직원도 각각 1명씩 포함되어 있다. A사의 기술력은 국내의 H자동차와 K자동차에서 인정을 받고 있고, 최근에는 외국계 국내 진출 기업인 G사에서도 품질 시험과 생산 현장 점검에서 합격해 납품을 기다리고 있다. 하지만 해외 자동차 업체에 직접적으로 납품을 해 본 경험은 없는 상태다.

경쟁사 Competitor 그렇다면 경쟁사Competitor의 상황은 어떨까. 국내 업체 중 센서 제품 관련하여 일부 영세 업체들이 있긴 하지만 품질 면에서는 A사와 경쟁이 되지 않는다. 다만 주력 제품인 저속 모터 장치 부품에서는 국내에 진출한 글로벌 부품 기업인 C사, D사와 경쟁하고 있고 시장 점유율 면에서도 서로 비슷한 상황이다.

고객 Customer 고객(B2B 사업에서는 Client라고도 함)에 대한 분석도 필요하다. 현재 기존 고객인 국내 H자동차와 K자동차의 경우, 최근 중국 시장 상황이 안 좋아지면서 경영 환경이 어려워지는 추세다. 전체 생산 물량이 감소하면서 부품의 발주 물량도 줄고 있으며, 생산 원가 및 비용 절감이 요구되면서 납품 업체에 대한 가격 인하 요구도 증대되고 있다. 한편 외국계 기업으로 국내 생산 거점을 가지고 있는 G사 역시 최근 국내에서 생산 중인 모델의 판매 물량 감소와 원가 절감의 압박으로 국내 철수를 검토하고 있는 상황이다.

해외 유명 자동차 메이커들은 전기 자동차와 수소차, 무인 자동차 같은 미래형 자동차 개발에 박차를 가하고 있다. 뿐만 아니라 기존의 내연기관 자동차 시장에서도 상호 경쟁으로 늘 원가 절감의 압박이 있는 만큼 품질을 유지하면서도 가격 경쟁력을 갖춘 새로운 납품 업체의 발굴이 필요한 상황이다.

경쟁사와 비교를 통한
가치 사슬Value Chain 분석

경쟁사와의 비교를 통해 자사를 더욱 세밀하게 분석하여 자사의 주된 경쟁력은 무엇인지, 경쟁사의 강점은 어디에 있는지를 알아보는 툴로는 가치 사슬을 활용하면 좋다. 이것은 하버드 대학교의 마이클 포터Michael Eugene Porter 교수가 1985년 발표한 〈Competitive Advantage : Creating and Sustaining Superior Performance〉에서 소개되었다.

다음 그림은 기업이 이익을 창출하기 위해 기업 내부에 있는 각 조직이 어떻게 상호 작용하는지, 그리고 각 조직이 경쟁사에 비해 얼마나 경쟁력이 있는지 검토해 볼 수 있는 항목들을 나타

이익 창출을 위한 검토 항목

낸 것이다.

　우선 각각의 항목에 정성적인 기술을 하고, 경쟁사나 벤치마 킹하고자 하는 회사의 경쟁력에 대해서도 서술한다. 가장 이상 적인 형태나 벤치마킹하고자 하는 회사의 상황을 100으로 본다 면 우리 회사에는 몇 점을 줄 것인지, 또 경쟁사에는 몇 점을 줄 수 있을지 의견을 모아 본다. 이런 식으로 우리 회사가 어디에 강하고 어디에 취약한지 분석하는 도구로 가치 사슬을 활용할 수 있다. 그림에 있는 각 조직은 회사 상황에 따라 더하거나 빼 면 된다.

환경적 요인을 따져보는
SWOT 분석

SWOT은 강점Strength, 약점Weakness, 기회Opportunity, 위협Threat의 네 가지를 말한다. 앞서 살펴본 3C 분석이 자사와 경쟁사, 고객을 중심으로 자사의 현 상황을 분석하는 것이라면 SWOT 분석은 현재 자사를 둘러싸고 있는 시장과 정부의 정책, 국제 관계 등의 여러 외부 환경 요인까지 함께 분석하는 도구라고 볼 수 있다. 강점과 약점은 기업의 내부 상황을 분석하는 것이고, 기회와 위협은 회사를 둘러싼 외부 환경을 따져보는 것이다. 앞서 예시를 든 A사의 SWOT 분석 결과를 살펴보자.

강점 Strength 품질과 어느 정도의 원가 경쟁력을 갖추고 있다는 점을 들 수 있다. 그리고 국내 고객들과의 친밀도Customer Intimacy도 좋은 편이다.

약점 Weakness 외국계 업체와 인맥이 전혀 형성되어 있지 않고, 어떻게 거래를 연결해야 할지 아이디어가 없다는 점이다. 향후 4차 산업혁명 시대에 대비하여 공장 자동화가 필요하나 현재로서는 컨베이어 벨트 작업을 통한 수작업이 공정의 대부분을 이루고 있다.

기회 Opportunity　　외국계 자동차 회사들은 상호 간 치열한 경쟁으로 인해 원가 절감의 필요성이 커지고 있다. 최근 국내 부품업체의 품질 경쟁력이 어느 정도 인정받으면서 국내 자동차 부품업체에 대한 관심이 높아지고 있다.

위협 Threat　　그동안 주 거래처였던 국내 자동차 기업들이 매출 부진으로 허덕이고 있다. 특히 중국 시장에서 사드 문제로 촉발된 당국의 규제와 소비자들의 반한 감정, 그리고 중국 자동차 업계의 지속적인 기술, 품질 향상으로 매출 감소가 이어지고 있다.

참고로 기회와 위협을 알아보기 위해 외부 환경을 분석할 때는 SCEPTIC 체크리스트를 활용하면 편리하다. 이는 Social사회, Competition경쟁, Economic경제, Politic정치 Technology기술, Information정보, Client고객를 뜻한다. 또 강점과 약점을 살피기 위한 내부 환경 분석에서는 MMMITI 체크리스트를 활용할 수 있다. Man사람, Material물자, Money돈, Information정보, Time시간, Image이미지를 살펴보는 것이다. 이 2가지는 무엇을 확인해봐야 할지 막연할 때 활용하면 좋지만, 반드시 그대로 할 필요는 없다.

자사를 둘러싼 환경을 분석하는 측면에서는 이와 같은 SWOT 분석만으로도 충분하지만, 이를 바탕으로 회사의 발전 방향을 정하거나 사업 추진을 해 나갈 때는 구체적인 전략 수립 방안까지 이해하여 활용하는 것이 좋다. SWOT 분석을 바탕으로 아래와 같은 전략을 세울 수 있다.

	기회(O)	위협(T)
강점(S)	〈SO 전략〉 외부 환경의 기회를 활용하기 위해 강점을 사용하는 전략	〈ST 전략〉 외부 환경의 위협을 회피하기 위해 강점을 사용하는 전략
약점(W)	〈WO 전략〉 자신의 약점을 극복하고 외부 환경의 기회를 살리는 전략	〈WT 전략〉 자신의 약점을 최소화하여 외부 환경의 위험을 피하는 전략

SWOT 분석을 통한 SWOT 전략

강점, 약점, 기회, 위협의 각 요인을 자사의 환경에 맞게 조합하여 유리한 전략으로 나아가는 것이다. 모든 전략을 적용할 수 있으면 좋겠지만 현실적으로 가능하지 않기 때문에, 자사가 처한 상황에 따라서 우선순위를 고려해 적절한 전략을 수립해야 한다.

기업에 영향을 미치는 5개의 힘,
Five Forces 분석

자사를 둘러싸고 있는 생태계 환경을 좀 더 세밀하게 분석해 보는 도구로 'Five Forces 모형'이라는 것이 있다. 3C의 자사 분석 중 '가치 사슬Value Chain'을 소개한 마이클 포터 교수의 또 다른 분석 툴인데, 기업의 성장과 생존에 영향을 미치는 외부의 요인을 5개의 힘으로 나누어 분석하는 것이다.

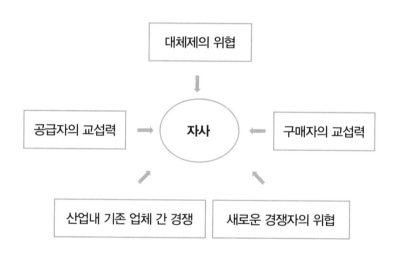

5-Forces 분석

1장 성공의 판을 만들어라

- 새로운 경쟁자의 위협 : 신규 혹은 잠재 경쟁자의 출현
- 산업 내 기존 업체 간 경쟁 : 가격 경쟁/광고 경쟁/새로운 제품 출시 등
- 공급자의 교섭력 : 가격 인상/품질 저하/판매 물량 제한 등이 있으며 특히 독점 공급자일 경우 그 힘이 강하다고 보아야 한다.
- 구매자의 교섭력 : 가격 인하/품질 제고/구매 물량 제한
- 대체제의 위협 : 동일한 기능의 대체제의 출현이나 신기술로 인해 기존 제품이 아예 쓸모 없어지는 것. 예를 들어 전기 자동차가 대세가 되면 내연기관 엔진과 관련된 부품은 아예 필요 없어지는 경우를 말한다.

실제로 내가 경험했던 사례 중 외부 요인이 기업의 생존에 중대한 영향을 미쳤던 일이 있었다. 70년대 중반에 내가 전자제품 회사에서 일할 때 계측기의 하나인 오실로스코프를 수리하기 위해 수정 발진자Crystal Oscillator라는 부품이 필요했다. 그 당시 미국에 CB Transciver라는 차량용 무전기를 생산할 때도 수정 발진자가 필요했다. 미국의 많은 트럭 운전사들이 이 제품을 통해 주변의 맛집이나 단속 경찰의 위치를 공유하기도 했고, 졸음과 무료함을 달래기도 했다. 내 기억으로 이때 기존 제품이 27개 채널에서 48개 채널로 바뀌면서 채널마다 필요한 수정 발진자

의 수요가 27개에서 48개로 급증하게 되었다. 게다가 전자시계나 컬러 TV 등이 나오면서 이 수정 발진자의 수요가 그야말로 폭발적으로 증가하며 제품을 구할 수가 없었다. 당시 수소문 끝에 대학 동창이 마침 구로공단의 수정 발진자 업체에서 일하고 있는 사람과 인맥이 닿아서, 겨우 1개를 구해 오실로스코프를 수리했던 기억이 있다.

그런데 얼마 후 PLL Phase Locked Loop 신시사이저 튜닝이라는 새로운 기술이 소개되면서 각 채널마다 한 개씩 쓰이던 수정 발진자가 이제 전체 제품에 하나만 필요하게 되었다. 자연히 우후죽순으로 생겨났던 수정 발진자 회사들도 차례로 문을 닫았다. 대체제 혹은 대체 기술의 위협으로 기업의 운명이 결정된 케이스다. 한편 최근에는 학자들에 따라 5가지 힘 Five Forces에 더해 6번째 힘으로 정부의 힘(정부의 지원이나 규제, 간섭 등)을 추가해야 한다는 주장도 나오고 있는 추세다.

이처럼 마치 생태학자가 숲의 생태계를 들여다보듯, 자사와 자사를 둘러싼 여러 외부 환경을 전반적으로 살펴볼 수 있는 도구를 활용하면 숲을 보는 눈을 기르는 데에 도움이 될 것이다. 앞을 발전적으로 바라보는 것도 좋지만, 자사가 처한 상황부터 명확히 인지해야 이를 바탕으로 가장 유리한 다음 스텝을 밟을 수 있다.

1장 성공의 판을 만들어라

2.
경쟁력과 차별성을
갖춘 제품을 준비하라

본격적으로 국제 경쟁력을 갖춘 제품을 개발하기 위해 필요한 요소로 STP를 살펴봐야 한다. STP는 자사의 역량과 자사를 둘러싸고 있는 여러 사업 환경을 감안하여 어떤 차별성으로 제품을 개발할 것인지 정하는 도구다.

세분화 Segmentation 우선 고객군을 유형에 따라 분류하는 것을 말한다. 내가 일했던 모바일 핸드폰 분야에서는 연령층, 소득 수준, 소비 성향 등을 감안하여 고객군을 7~8개로 분류했다. 만약 알루미늄 인고트 제품을 생산하는 B2B 업체라면 고객군은 자동차나 자동차 부품 업체, 항공기나 항공기용 부품 업체, 미사일 등을 만드는 방위산업체, 그리고 각종 측정 방비 생산 업체와 알루미늄 캔 같은 소비재 생산 업체 등으로 분류할 수 있을 것이다.

목표 시장 설정 Targeting 고객군을 분류하고 나면 앞서 살펴본 자사의 역량과 경쟁 환경 등을 고려하여 어떤 고객군을 우리의 주된 대상 고객으로 볼 것인지 결정해야 한다.

포지셔닝 Positioning 대상 고객군을 정한 후 마지막으로 각각의 고객군들 사이에서 자사가 목표로 하는 위치를 어떻게 잡을 것인지 결정한다. 즉 높은 품질의 고가 정책을 쓸 것인지, 아니면 적절한 품질이나 성능으로 저가 정책을 쓸 것인지를 선택하는 것이다. 이때 중요한 것은 우리가 경쟁사에 비해 어떤 차별화를 가져갈 것인지를 고려해야 한다는 점이다.

기업에서 소비자의 모든 니즈를 다 만족시키기는 어렵다. 대신 예상 고객군을 나누고 그 시장 환경을 파악하며, 자사가 목표로 하는 지점에 들어맞는 고객군을 공략하는 과정을 통해 보다 세부 전략을 수립할 수 있게 된다.

3.
제품 트렌드는
기술 발전을 따라 변화한다

　기술은 끊임없이 발전하고 있다. 변화하는 산업 시장에서 다가오는 고객 니즈를 파악하고 실질적인 기술 개발의 방향과 전략을 수립해야 할 것이다. 따라서 우리가 개발하려는 제품과 관련된 기술도 연차별로 어떻게 변화할 것인지 살펴봐야 한다.

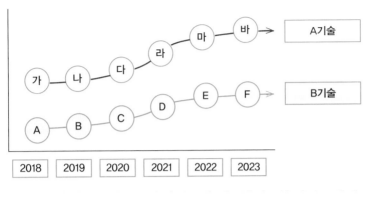

그림 2-1

그림 2-1을 보면 A기술은 2018년의 (가) 상태에서 2023년 (바) 상태로 발전 예상되며, B기술은 2018년 (A) 상태에서 2023년에는 (F) 상태로의 발전이 예상된다. 이처럼 미래 시장에서 요구되는 최적의 제품이나 서비스를 예측하고 그에 필요한 최적의 기술 대안을 선택할 수 있도록 하는 것이 TRMTechnology RoadMap, 기술 로드맵이다. 기술 발전에 따라 자사의 제품 개발 계획은 연차별로 어떻게 변화해야 할 것인지 짚어 보고, 이에 따라 필요한 기술과 인력을 어떻게 확보할 것인지도 계획을 수립하는 것이다.

이러한 기술 변화 트렌드를 파악하는 것도 자사 인력의 역량에 맡길 것인지, 아니면 외부의 도움을 받아야 할 것인지 결정하고 후자라면 어디에서 도움을 받을 것인지도 결정해야 한다. 이

1장 성공의 판을 만들어라

에 외부의 도움을 받을 수 있는 방법은 몇 가지가 있다. 첫째, 업계의 경력자나 경력이 있는 퇴직 인원을 활용하는 것이다. 주로 헤드헌터 업체로부터 소개를 받거나 인맥을 통해 알아보는 경우가 많다. 이 인력을 아예 정직원으로 채용할 수도 있고, 파트타임으로 활용할 수도 있다. 둘째, 관련 연구소나 대학의 관련 학과 교수의 도움을 받는 것이다. 셋째로 컨설팅 업체를 활용해도 된다.

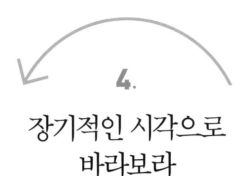

4.
장기적인 시각으로
바라보라

우리가 사업을 한 해만 할 것은 아니기 때문에, TRM을 통해 기술 변화의 트렌드를 짚었다면 이번에는 그에 따른 연차별 제품 개발에 대해서도 계획을 세워야 한다. 이를 살펴보는 것이 중장기 제품 기획을 수립하는 PRMProduct RoadMap 혹은 MGPPMulti Generation Product Plan다.

그림 2-2에서 2018년부터 2023년까지의 기술 발전 방향을 설정한 것처럼, 이에 따라 (X)제품군도 2018년 (O)제품에서

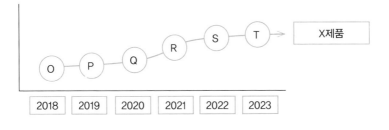

그림 2-2

(P), (Q) 등을 거쳐 2023년 (T)제품으로 변화하는 것으로 볼 수 있다.

　이처럼 향후 제품 개발 방향에 따라 필요한 역량과 인력을 어떻게 확보할 것인지도 정해진다. 그 방법에 대해 첫 번째로 생각해 볼 수 있는 것은 자사 인력의 역량을 키워 나가는 것이다. 이를 위해서는 대학 등에 파견 교육을 시키는 방법, 외부 세미나에 계속 참여하는 방법, 또 업계의 무역 전시회 Trade Show 같은 곳에 주기적으로 참가해 제품 동향을 살펴보는 방법, 관련 전문 잡지나 논문을 통해 공부하는 방법 등이 있을 것이다. 실제로 내가 학교 졸업 후 오디오 제품 설계 엔지니어로 일하던 1970년대 중반에 이런 노력을 기울이는 기업 사장님이나 개발 부장님들이 많았다. CE Show(전자제품 관련 전시회) 등의 무역 전시회에 다녀와 제품 카탈로그 등을 분석하거나 실제 제품을 사 온 경우에는 뜯어 보며 연구하기도 했다.

하지만 자사 인력을 키우는 방법이 여의치 않다면 적절한 시기에 외부 인력을 수혈하는 방법을 채택할 수도 있고, 혹은 연구소나 대학, 설계회사 같은 곳에 용역을 주면서 제품 개발 계획을 수립할 수도 있을 것이다.

혁신을
위해
훅하라

창의적인 제품 개발

1.
창의적 제품은 영감이 아닌 프로세스에서 나온다

　국제적인 경쟁력을 갖추는 것은 기본적으로 탄탄한 콘텐츠를 갖추는 데서 시작된다. 어떤 제품을 개발할 것인지부터 첫 단추를 잘 끼워야 한다. 앞서 STP 분석을 통해 포지셔닝을 했을 때, 선진 경쟁사 제품을 모방하여 품질을 어느 정도 따라가면서 가격 경쟁력 있는 제품을 만든다면 제품 개발 역시 같은 방향을 따라야 할 것이다. 하지만 만약 남들과 차별화된 우리만의 독특한 제품을 개발하여 판매하고자 한다면 창의적인 제품 개발 프로세

Idea 검색	해결안 도출	컨셉 창출	제품 개발	마케팅 전략	출시 전략
시장기회 확인	창의성	속성편익	품질기능 전개	수요예측	출시전략
고객욕구 확인	창의적 사고	컨셉서술	제품사양	사업타당성	출시전술
문제확인	TRIZ 원리	컨셉보드	제품구조	STP 수립	시장추적
자료분석	선행기술	컨셉평가	제품설계		
		컨셉선정	프로토타입		
			테스트 마케팅		
			지식재산권		

출처: 유순근, 《창의적 신제품 개발》, 북넷, 2015

스를 갖춰야 한다.

창의적인 제품 개발 프로세스에 관해서는 유순근 박사가 저술한 《창의적 신제품 개발》이라는 책에 상세히 설명되어 있으니 참고해 보면 좋다. 핵심 절차를 간단히 소개하면 위와 같다.

이 책에서는 해당 모델에 더해 3C, SWOT, STP 등의 분석 도구를 활용하여 다음과 같은 신제품 개발 프로세스를 제안해 본다. 여기에 기술된 툴은 세계 유수의 B2B 기업들의 사업 전략이

2장 혁신을 위해 훅하라

시장 및 자사 환경 분석	제품 컨셉/상품 기획	창의적 제품 설계	개발 및 양산 Process	영업/마케팅	출시 전략
3C 분석	STP	Brain Storming	상품 개발 발의/승인	Pipeline 관리	Lean SCM
Value Chain 분석	제품 컨셉	Design Thinking	설계기획	KAM	CPFR
SWOT 분석	TRM	TRIZ	시제품 생산 및 설계 검증	유통채널 전략	안테나 숍
5 Forces	PRM		양산 준비 및 제품성능검정	광고 및 홍보 전략	
	컨조인트 분석		양산품질 검증		
	Blue Ocean 전략 Canvas		지적재산권 검토	각종 규제 및 안전규격 검토	

유순근 박사의 신제품 개발 모델을 바탕으로 재구성한 〈창의적 제품 개발 프로세스〉

나 R&D, 생산, 영업, 마케팅 등의 영역에서 실제로 많이 사용하는 것들이다. 더 크고 넓은 세계로 나아가기 위해, 그리고 그곳에서 역량을 펼치며 싸워 내기 위해 갖춰야만 하는 기술의 핵심 중 하나라고 봐도 좋다.

표에서 보듯 제품 콘셉트/상품 기획 단계와 창의적 설계 과정은 순차적으로 진행된다기보다 여건에 따라 서로 얽혀서 진행될 수 있고, 각 과정의 분석 도구를 공용으로 활용할 수도 있을 것이다. 앞서 언급한 분석 도구에 대한 설명은 생략하고, 이 장에서는 제품 콘셉트와 상품 기획, 창의적 제품 설계, 개발 및 양산 프로세스까지의 창의적 제품 개발 프로세스를 더 구체적으로 살펴보겠다.

2.
좋은 제품은 고객의
문제를 해결해야 한다

고객 욕구를 반영한
제품 콘셉트 정하기

본격적인 상품 기획에 앞서 먼저 제품 콘셉트를 정해야 하는데, 이는 특히 B2B 제품에 있어서는 기업의 필요에 의해 이 제품을 구매하기 때문에, 고객의 욕구를 정확히 저격하는 콘셉트가 더욱 중요하다. 참고로 소비재 제품을 판매하는 B2C의 경우에는 제품 콘셉트를 짚어보기에 앞서 시장 환경 분석을 통해 소비자의 요구와 욕구를 파악하는 소비자 인사이트Consumer Insight를 파악하는 과정도 필요하다. 물론 B2B 사업에서도 고객(Consumer가 아닌 Customer)의 욕구는 3C 분석 과정에서 꼭 확인해야 하지만, 대신 B2C와 같이 소비자 인사이트를 파악하기 위한 여러 기법들을 동일하게 적용할 필요는 없다.

그렇다면 B2B 사업에서 제품의 콘셉트를 정할 때 고려해야 할 점은 어떤 것이 있을까. 나의 박사 논문 지도 교수이기도 했던 숭실대학교 경영학과 김근배 교수가 쓴 《컨셉 크리에이터》와 《끌리는 컨셉의 법칙》이라는 책에 소개된 법칙에 의하면, 제품 콘셉트에 대해 다음과 같이 정리한다.

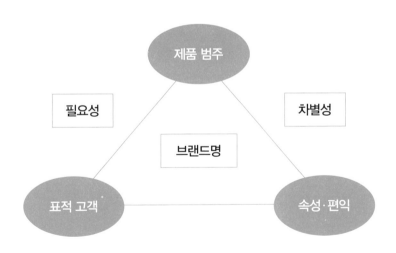

출처 : 김근배, 《끌리는 컨셉의 법칙》, 중앙북스, 2014

2장 혁신을 위해 훅하라

이 도표에 따르면 제품 콘셉트란 어떤 '제품 범주'에서 누구를 '표적 고객'으로 삼아 어떠한 '속성-편익'을 제공할 것인지 결정하는 일이다. 더불어 이렇게 제품 사양을 정한 뒤에는 마지막으로 브랜드명과의 상관관계도 살펴봐야 한다. 다만 B2B의 경우 IBM, HP, GE 등과 같이 회사 이름이 브랜드처럼 쓰이는 경우가 많이 있어 여기서 특별히 다루지는 않겠다.

제품 범주를 좀 더 쉽게 이해할 수 있는 사례로 과거 조미료였던 미원과 미풍을 살펴볼 수 있을 것 같다. 조미료 미원은 지금의 대상그룹인 미원에서 생산, 판매하는 제품이었고, 조미료 미풍은 당시에는 삼성그룹의 주력 기업 중 하나였던 제일제당(현재 CJ그룹)에서 생산했다. 그런데 아무리 해도 미풍이 미원을 따라잡을 수가 없었다. 여러 이유가 있겠지만, 개인적으로 가장 큰 이유는 '선도자의 효과' 때문이었다고 본다. 이는 잭 트라우스와 알 리스의 책 《마케팅 불변의 법칙》에 나오는 개념으로, 사람들은 어떤 범주에 대해 첫 번째로 인식된 것은 잘 기억하지만, 그 다음 것부터는 잘 기억하지 않는다는 것이다. 비행기를 처음 탄 사람은 라이트 형제이고, 처음으로 비행기를 타고 대서양을 건넌 사람은 찰스 린드버그라는 걸 많은 사람이 기억하고 있지만 두 번째로 비행기를 타거나 두 번째로 대서양을 건넌 사람이 누구인지 아는 사람은 거의 없는 것과 마찬가지다.

이처럼 조미료 분야에서는 이미 미원이 소비자의 인식에 최초로 뿌리 깊게 자리를 잡고 있다 보니 이를 바꾸기가 쉽지 않았던 것 같다. 그런데 여기에서 반전은 제일제당이 '다시다'라는 제품을 내놓으면서 제품 범주를 '조미료'에서 '천연 조미료'로 바꾼 것이었다. 이를 통해 천연 조미료라는 새로운 제품 범주 내에서는 다시다가 다시 선도자의 효과를 누릴 수 있게 되었다. 더불어 국민의 생활 수준도 높아지면서 천연 조미료라는 제품 범주의 수요가 올라갔고, 조미료 업계에서 1위를 탈환하게 되었다.

또 다른 사례로 마쓰시타 전기의 창업자인 마쓰시타 고노스케의 창업 당시 이야기를 보면 속성과 편익을 고려한 제품 콘셉트의 중요성도 쉽게 이해할 수 있다. 그는 원래 다니던 오사카 전등 주식회사를 그만두고 전기 소켓 제조 회사를 차렸는데 소켓 제품 판매가 부진해 난항을 겪고 있었다. 그런데 파산 직전에 인근의 선풍기 제조 회사에서 새로운 주문을 하나 받게 되었다. 이전에는 도기로 만들었던 선풍기 받침을 소켓을 만들 때 사용되는 기술인 합성수지로 만들어달라는 것이었다. 뜻밖에도 이 제품이 큰 인기를 끌며 회사는 기사회생하게 되었다. 이어서 그는 자전거 점포에서 근무했던 경험과 선풍기 부품을 만들던 기술을 바탕으로 자전거용 포탄형 전지 램프를 생산하게 되었고, 이 제품 또한 그야말로 대박이 났다.

그 경위를 살펴보면 제품 콘셉트를 어떻게 설정하느냐가 결국 성공으로 이어졌다는 사실을 알 수 있다. 선풍기에서 잘 깨어지고 무거운 소재인 도기보다 합성수지를 이용하면서 '표적 고객'의 불편을 해결하고 필요성을 충족시켜줄 수 있었다(속성-편익). 또한 그 덕분에 자전거용 램프라는 또 다른 제품 범주로도 넘어갈 수 있던 것이다.

B2B 사업의 경우는 이처럼 자사의 역량을 바탕으로 가능한 사업 분야를 찾으면 또 다른 신세계가 펼쳐질 수도 있다. 이는 프랑스 인시아드 대학의 김위찬 교수와 르네 마보안 교수가 말한 블루오션 개념과도 연결된다. 물고기가 많이 잡히는 넓은 바다, 즉 경쟁자가 적은 새로운 시장을 개척하는 사업이 되는 것이다.

기존 기술로 신규 사업까지
진출한 후지 제록스

기술의 발전에 따라 점차 디지털 카메라를 사용하는 사람들이 많아지고, 심지어 핸드폰에 카메라 기능까지 추가되면서 기존에 있던 필름 회사인 캐논이나 후지 제록스 입장에서는 5 Forces 중 '대체제의 위협'을 맞닥뜨리게 되었다.

그런데 같은 필름 메이커인 캐논은 회사가 사라진 반면, 후지 제록스는 지속적으로 성장하여 미국의 제록스사를 인수하는 데까지 이르렀다. 어떻게 이런 차이가 발생했을까? 후지 제록스의

	기존 사업	신규 사업
기존기술	일반용 사진 필름, 전문가용 필름, X선 필름, 광학렌즈, 디지털 카메라(콤팩트), PS판, 복사기, 컴퓨터용 백업 테이프, 디지털 X화상 진단 장치	휴대전화용 플라스틱 렌즈, 차열 필름, 투명 전도성 필름, 액정용 필름, 태양전지용 백시트
신기술	멀티 복사기, 고화질 디지털 카메라, 레이저 내시경, EA-Eco 토너, 의료용 화상 정보 시스템, 레이저 내시경, 초 고밀도 컴퓨터용 백업 테이프, 차세대 잉크젯 프린터	화장품 재료, 의약품 원료, 반도체용 재료, 초음파 진단 장치, 재생 의료용 재료

회사의 기술·역량 정리표

경우, 회사의 주력이었던 필름 사업이 어려워지면서 회사가 가진 기술력과 역량을 바탕으로 어떻게 위기를 헤쳐 나갈 것인지 위의 틀을 통해 그 해법을 찾았다고 한다.

먼저 기존 기술이나 역량을 바탕으로 기존의 사업 영역을 어떻게 확대해 나갈 것인지 살펴봐야 한다. 그다음은 이를 통해 어떻게 신규 사업까지 진출할 수 있을지 시야를 넓힌다. 기존 기술을 바탕으로 신규 사업 분야를 찾아냈다면, 기존의 고객이나 사업 영역에서 자사 역량으로 가능한 새로운 기술이나 제품이 어떻게 유용하게 제공될 수 있을지 확인해야 한다. 마지막으로, 이 새로운 기술을 가지고 신규 사업이 기존 고객이 아닌 새로운 고객이나 사업 영역에 어떻게 진출할 수 있을지 그 방안을 고민해

2장 혁신을 위해 훅하라

봐야 할 것이다(참고로, 다음 챕터에서 언급할 '파이프라인 매니지먼트'를 잘 활용하면 좋다).

이렇게 자사가 가진 기존의 기술과 역량에서 출발하여 새로운 사업 영역까지 나아가는 과정이 특히 위기를 맞고 있는 B2B 기업에는 꼭 필요하다. 후지 필름의 사례를 통해 조금 더 구체적으로 살펴보자.

후지 필름에 신입 사원으로 입사했다가 2003년에 회장직에 오른 고모리 회장은 2004년 창업 70주년을 맞아 필름 사업의 구조조정을 통한 제2의 창사를 선언했다. 이때 생존을 위해 신사업에 진출하긴 하지만, 회사의 본업이었던 필름 기술을 활용할 것이라는 사실도 대내외에 선포했다. 필름은 얼핏 단순해 보이지만 실제로는 100가지의 화학물질이 포함된 20개의 층을 가지고 있다. 후지 필름은 이와 관련된 기술을 이용해 당시 급성장하고 있던 LCD TV나 모바일 핸드폰 필름 사업에 진출했고, 이는 기존 기술로 신규 사업을 확장한 성공 사례 중 하나가 되었다.

또한 사진 필름의 주요 구성 물질인 콜라겐은 사람 피부의 70%를 구성하는 성분이기도 하다. 이 점에 착안하여 후지 필름은 화장품 원료 사업에도 진출했다. 인화된 사진을 오래 두면 사진이 누렇게 변하는데, 이러한 것을 방지하기 위한 항산화 기술 등이 화장품에도 유용하게 쓰이는 기술이 되었던 것이다.

이후 후지 필름은 많은 인수합병을 통해 사업을 다각화해 나갔다. 후지가 10여 년간 인수합병한 기업은 40여 개, 그리고 투자 금액은 7,000억 엔에 달한다. 특히나 일본의 기업 풍토를 볼 때 이 정도의 신속한 의사 결정과 과감한 추진력을 가진 기업은 소프트뱅크 정도였다고 한다. 이러한 노력을 통해 후지 필름은 신기술로 신규 시장에 성공적으로 안착했고, 2020년에는 필름 부분의 매출이 전체 매출의 1% 미만이 되었다. 이와 같은 과정을 거치면서 기존 사업에서 신규 사업까지 꾸준히 변화시켜 나갔기 때문에 시대 변화에 따른 위기를 슬기롭게 잘 극복할 수 있었던 것으로 보인다. 이러한 사례를 보면 표적 고객과 제품 범주를 통해 신규 사업으로 진출하는 과정을 쉽게 이해할 수 있을 것이다.

제품의 속성과 편익을 살피는 컨조인트 분석

이번에는 제품의 속성과 편익을 분석할 때 필요한 컨조인트 분석을 살펴보자. 컨조인트 분석은 새로운 제품과 서비스를 개발할 때 활용되는 기법이다. 제품의 경우엔 그 제품의 속성과 편익, 즉 제품의 사양을 결정할 때 유용하게 쓰이는 도구라고 할 수 있다. 이를 통해서 고객이나 소비자의 제품 속성과 수준에 대한 선호 판단을 내리고, 가능한 속성 수준의 조합들이 가질 수 있는 신제품의 시장 점유율을 예측해 보는 것이다.

예를 들어 새로운 노트북을 개발한다고 가정하면, 우선 그 주요 속성별로 2~4개의 수준을 정한다.

- 가격 : 100만 원 / 150만 원 / 200만 원
- CPU 속도 : 8세대 / 7세대
- 배터리 사용 시간 : 30Wh / 60Wh
- 무게 : 1kg / 1.5kg / 1.8kg
- LCD 크기 : 15.6 FHD / 13.3 FHD

이런 식으로 속성을 묶어 가상의 제품 조합을 만들 수 있을 것이다. 이렇게 각 속성별로 분해된 효용에 대한 고객이나 소비자의 선호 수준을 조사해 보면, 소비자가 무엇을 가장 중요하게 생각하는지 파악할 수 있다.

이 분석 결과를 바탕으로 개발하려고 하는 제품의 속성과 편익, 즉 제품 사양을 결정 짓고 또한 현재 개발 중인 제품의 시장 점유율도 추측할 수 있을 것이다. 아직 시장에 잘 알려지지 않은 중견·중소기업의 경우라면 보다 정확한 수요 예측을 위해 브랜드나 회사명 역시 속성 수준의 하나로 넣어보는 것이 좋겠다.

고객이나 소비자 조사를 통해 제품의 선호도를 파악하고 제품

군 구성에 대한 속성별 효용 가치를 분석하기 위해서는 약간의 통계적 지식이 필요하다. 중견·중소기업의 리더들은 대학의 통계학과 학생이나 인문사회 계열 특히 경영대학의 교수님들, 그리고 석박사 과정의 논문을 준비하는 대학원 학생들의 도움을 받는 것을 권한다. 직원 중 1명을 지정하여 이 임무를 주고 과정을 보고받는 것도 좋다.

블루오션 전략 캔버스

프랑스 인시아드 대학의 김위찬 교수와 르네 마보안 교수가 공동 저술한 《블루오션 전략》이라는 책에서는 레드오션과 블루오션에 대해서 잘 설명하고 있다. 기업이 주변 경쟁자들과 피를 철철 흘리는 출혈 경쟁을 하는 레드오션에 있다면 새로운 제품이나 서비스를 전략 캔버스를 통해 살펴본 뒤 경쟁이 없는 새로운 바다, 즉 블루오션에 진출해야 한다는 것이다.

블루오션에 나아가기 위한 전략 캔버스에 대해서도 이렇게 정의하고 있다. "기업이 자사의 특정 제품이나 서비스의 주요 사양을 경쟁사 제품과 서비스와 비교해 보고 여기에서 제거할 것Eliminate, 줄여줄 것Reduce, 올려줄 것Raise 그리고 새롭게 추가할 것Create을 생각해 보면 새로운 시장, 즉 경쟁이 없는 블루오션이

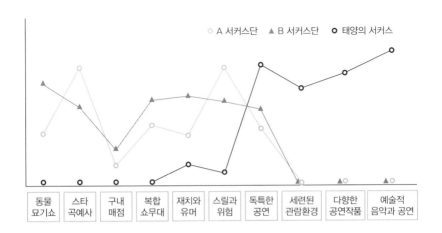

| | 동물
묘기쇼 | 스타
곡예사 | 구내
매점 | 복합
쇼무대 | 재치와
유머 | 스릴과
위험 | 독특한
공연 | 세련된
관람환경 | 다향한
공연작품 | 예술적
음악과 공연 |

○ A 서커스단   ▲ B 서커스단   ◎ 태양의 서커스

보인다"고 말이다.

이 책에서 예로 들고 있는 서커스 산업에서 블루오션을 개척한 캐나다 태양의 서커스의 경우를 전략 캔버스로 그려 보면 위와 같다.

표에서 볼 수 있듯이 태양의 서커스에서 제거한 것은 동물 묘기 쇼, 구내 매점, 복합쇼 무대, 감소시킨 것은 재치와 유머, 스릴과 위험, 증가시킨 것은 독특한 공연 부분이다. 또 창출한 것은 테마, 세련된 관람 환경, 다양한 공연 작품, 예술적 음악과 공연이라는 것을 알 수 있다.

이전의 서커스 산업 환경을 보면 사람들이 서커스에 점점 식상함을 느끼는 가운데 경쟁이 심해지면서 더 많고 특이한 동물 쇼, 고난도 묘기 등으로 비용은 증가하고 내방 고객은 줄어드는 추세였다. 경쟁이 심하다 보니 입장료를 올릴 수도 없어서 그야말로 출혈 경쟁이 심한 레드오션 상태였던 셈이다.

그런데 태양의 서커스는 프로그램 중 비용이 많이 드는 데 비해 차별화 효과는 크지 않은 스타 곡예사나 동물 묘기 쇼를 아예 없애버렸다. 그리고 피에로의 우스꽝스러운 연기 같은 재치와 유머, 스타 곡예사의 묘기에 의한 스릴과 위험 등의 항목을 줄이고 대신 예술성이 가미된 독특한 공연을 증가하거나 창출시킴으로써 대박을 터트렸다.

80년도 중반 미국 주재원 시절에 아이들을 데리고 뉴저지에서 일반 서커스를 구경한 적이 있는데, 코끼리가 나올 때 어찌나 냄새가 심한지 곤혹이었다. 반면 2000년도 초반에는 라스베가스에서 열리는 CE Show에서 태양의 서커스 티켓을 간신히 구해 보러 갔는데, 신선한 공연에 감탄하며 본 경험이 있어 기획의 차별성을 확실히 이해할 수 있었다.

마찬가지로 일반 기업에서도 이와 같이 전략 캔버스를 만들어서 가로 축에 주요 사항을, 세로 축에 우수성의 정도를 정리해 경쟁 상황을 한눈에 가늠해 보면 좋을 것이다. 그리고 각 사양을 만족시키기 위한 비용과 고객이 생각하는 가치와 효용을 고려해 새로운 제품과 서비스를 구상한다면 기존의 경쟁 상황에서 벗어나 훌륭한 블루오션 개척자가 될 수 있다.

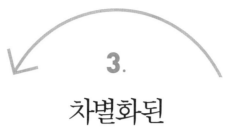

3.
차별화된
아이디어를 꺼내라

아이디어를 쥐어짜는
브레인 스토밍

앞서 컨조인트 분석을 통해 고객들이 어떤 사양을 중요하게 생각하는지, 그리고 블루오션 전략 캔버스를 통해 경쟁사와 비교하여 어떤 사양을 없애고 또 창출하여 성능을 결정할 것인지 검토하는 도구를 알아보았다. 이 과정에서 내부 인원끼리 회의를 할 수도 있고, 혹은 외부 전문가를 불러서 의견을 들어볼 수도 있겠지만 무엇보다 모두의 아이디어를 쥐어짜내는 것은 필수적이다. 아이디어의 중요성은 누구나 잘 알고 있겠지만 어느 날 번뜩 떠오르는 영감을 기다리는 것은 답이 아니다. 이때 사용할 수 있는 유용한 도구들이 있다.

가장 대표적인 것은 GE의 잭 웰치 회장이 1, 2등 사업 외에는 모두 접겠다고 GE의 혁신을 이야기하며 'Work Out'이라는 끝장토론 회의에서 자주 활용했던 '브레인 스토밍'이다. 영어 단어 'Brain Storming'은 머릿속에 폭풍이 몰아친다는 의미가 있다. 즉 브레인 스토밍은 폭풍이 몰아치듯이 아이디어를 쏟아내 보는 것이다. 브레인 스토밍을 통한 아이디어 창출 방법은 미국의 광고회사 대표였던 알렉스 오즈번이 창의적인 광고를 위한 기법으로 고안해낸 후 현재까지 많은 회사나 기관에서도 사용하고 있다. 실제로 나도 미국에서 모바일 핸드폰 영업을 할 때, 회사 마케팅 직원들이 광고와 마케팅 아이디어를 얻기 위해 잡지책에서 연관된 이미지를 찢어 벽에 붙여가며 회의를 했던 기억이 있다.

광고 산업은 예나 지금이나 수많은 광고의 홍수 속에서 고객이나 소비자의 관심을 촉발하고 제품과 서비스의 선호도를 올리며 최종적으로 계약이나 구매에 이르도록 하기 위해서 차별화된 독창적 아이디어가 끝없이 요구되는 산업이다. 그래서 오즈번은

집단의 효과를 살리고 아이디어의 연쇄반응을 일으켜 자유분방한 발상이 가능하도록 다음과 같은 방법을 진행했다.

- 주제를 구체적이고 명확하게 정한다. 자유분방하게 아이디어를 쏟되, 명확한 주제의 테두리 안에서 토론이 이루어지도록 한다.
- 구성원들이 서로 얼굴을 볼 수 있도록 하고, 큰 용지와 포스트잇, 필기도구 등을 준비한다.
- 회의 분위기를 잘 이끌어갈 수 있는 리더를 정한다. 리더는 모든 사람이 골고루 아이디어를 낼 수 있도록 회의를 이끌어가도록 하며, 구성원들과 함께 다양한 아이디어 중 공통점을 찾아내고 회의의 주제에 맞는 아이디어로 발전시켜 나간다.
- 다양한 아이디어를 구하기 위해 토론의 참여자는 특정 한 부서보다 토론의 주제에 부합하는 다양한 분야의 사람들로 5~8명 정도 구성한다.
- 발언은 누구나 자유롭게 한다. 발언 내용은 본인이 포스트잇에 적어서 제출하거나, 혹은 한 사람이 모두 기록하도록 한다.
- 다른 사람이 낸 아이디어를 비판하지 않는다.

또한 이러한 브레인 스토밍 방식 토론에서 좋은 아이디어를 구하고 원활하게 회의를 진행하기 위해 4개 원칙을 갖는다.

- 비판 엄금Support
- 자유분방Silly
- 질보다 양Speed
- 결합과 개선Synergy

다른 아이디어를 비판하지 않고 자유롭게 발언하며, 떠오르는 아이디어를 최대한 많이 쏟아낸다. 또 다른 사람의 아이디어에 자기 생각을 덧붙여서 내는 것도 적극 권장하며, 재미있는 아이디어라고 생각하면 즉시 여러 생각들을 조합하여 토론을 이어가도 좋다. 그리고 이러한 회의를 할 때 MECEMutually Exclusive and Collectively Exhaustive라는 개념을 고려하는 것이 필요한데, 이는 서로 겹치지 않되 정해진 주제에 대해서 빠짐없이 아이디어를 구한다는 생각이다.

창의적인 사고를 위한 도구로서 이러한 브레인 스토밍 방식 외에도 체크 리스트법이나 NM법, Synectics법 등이 있다. 다만 이 방법들은 B2B보다는 B2C 기업에서 많이 활용할 수 있다.

문제를 이해하고 대안을 찾아내는
디자인 씽킹

창의적인 제품 설계를 위해 요즘 많은 회사나 기관에서 활용하고 있는 도구 중에 '디자인 씽킹Design Thinking'이 있다. 광고 회사와 마찬가지로 디자인 분야에서도 창의적인 아이디어가 많이 요구되는데, 미국 실리콘 밸리 지역의 세계적인 산업 디자인 회사 IDEO에서 이러한 디자인 씽킹 방식을 차용하고 소개했다.

이 회사의 창업자인 팀 브라운은 디자인 씽킹에 대해 개인과 조직이 관찰과 공감으로 대상 고객을 깊이 이해하여 문제를 명확히 정의하고 이를 해결하는 데 필요한 대안을 찾아내는 방법으로 여겼다. 그래서 '확산적 사고'와 주어진 상황에서 최선을 찾는 '수렴적 사고'를 반복하여 혁신적인 방법을 만들어내는 창의적 · 집단적인 문제 해결 방법이 바로 디자인 씽킹이라고 정의했다.

좀 더 구체적으로 살펴보면 디자인 씽킹은 기본적으로 5단계의 프로세스를 거친다.

• 공감 Empathize

우선 공감 단계는 우리 회사의 제품이나 서비스를 이용할 고객의 입장에서 생각해 보는 것이다. 고객이 원하는 것과 필요한

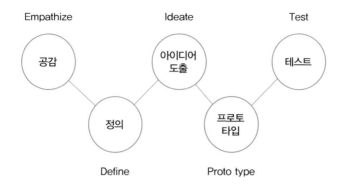

디자인 씽킹 단계

것이 무엇인지 알아보고, 또 기존의 제품이나 서비스에서 불편한 것은 무엇인지 살핀다. 다만 단순히 책상에 앉아 고객의 입장을 생각하는 것이 아니라, 직접 그 삶의 현장에서 눈으로 보고 심지어 실제 경험을 해 보면서 느끼고 알아내는 단계다. 예를 들어 어떤 완성품에 들어가는 부품을 생산하는 경우라면 그 부품으로 완성품을 만드는 작업자의 환경을 살펴볼 수도 있을 것이고, 부품이 포함되어 완성된 제품을 실제 소비자나 사용자의 입장에서 사용해 보며 부품의 역할을 고려하고 체감하면 좋다.

실제로 이렇게 사용자의 입장에서 생각해서 탄생한 창의적인 제품들의 사례가 많다. 특히 미국의 디자이너 패트리샤 무어는 20대의 나이에 3년간 노인의 생활을 한 후 저상 버스를 고안했다. 철제 보조기로 다리를 뻣뻣하게 만들고 귀를 솜으로 막아서 잘 안 들리게 하고, 뿌연 안경을 쓰고 주름과 흰 가발로 분장을 해서 80대 할머니로 3년간 생활하면서 이같은 아이디어를 내놓았다고 한다. 그 외에도 물이 끓으면 소리가 나는 주전자, 일자형 감자칼 등 일상 속에서 이미 익숙하지만 불편한 부분을 가지고 있었던 제품들에 새로운 아이디어를 덧붙이기도 했다.

이 단계에서는 실제 고객의 사용 환경에 공감하면서 브레인스토밍 기법을 활용해 여러 사람들의 확산적인 사고를 이끌어내는 것이 좋다. 패트리샤 무어처럼 실제로 분장까지 해서 생활해 보지 않더라도, 공감을 통한 관찰을 하기 위한 구체적인 실행 방법으로는 대만의 리팅이, 스신위, 황즈엔, 황칭웨이 등 국립대만대학 출신 저자들이 쓴 《스탠퍼드 대학의 디자인 씽킹 강의 노트》라는 책에 나오는 'A-E-I-O-U 관찰법'을 참고하면 좋다.

A : 활동Activities, 관찰 대상이 어떻게 활동하는지 본다.

E : 환경Emviroment 관찰 지점의 주변 환경을 관찰한다.

I : 상호작용Interaction, 관찰 대상이 주변 사람, 각종 사건, 사물들과 서로 어떠한 영향을 주고 받는지, 그 과정에서 특이점은 없는지 살펴본다.

O : 사물Object, 관찰 대상 주변에 특이하거나 재미있는 사물을 눈여겨 본다.

U : 사용자User, 인터뷰나 관찰 대상자뿐만 아니라 그 주변 인물들을 모두 살펴본다.

• 정의 Define

정의는 공감 단계를 거치면서 나온 여러 가지 아이디어 중에서 우리가 개발하려는 제품이나 서비스는 무엇인지 명확히 결정하는 단계다. 공감 단계에서는 확산적인 사고를 통해 여러 가능성을 생각했다면, 정의 단계에서는 논리적이고 비판적인 사고를 통해 아이디어를 검증하는 과정이 필요하다. 동시에 수렴적인 사고를 통해 우리가 필요한 제품과 서비스의 콘셉트와 사양을 구체화해 나가야 한다. 앞 장에서 살펴봤듯이 제품 콘셉트, 블루오션 전략 캔버스 등을 생각하면서 정하면 더욱 좋다.

• 아이디어 도출 Ideate

이 과정에서는 앞선 정의 단계에서 정립한 제품과 서비스의 콘셉트와 사양을 실제로 구현하기 위한 아이디어를 모은다. 아이디어를 모으기 위해서는 다시 확산적인 사고를 통하여 창의적인 아이디어를 도출하고, 이중에서 실제로 제품 설계나 서비스의 구현이 가능하도록 수렴적인 사고를 통해 최종안을 구하게 된다. 이때 창의적인 아이디어를 모으기 위해 다시 브레인 스토밍 방법을 사용하는 것도 좋다. 이렇게 구해진 아이디어를 논리와 비판적 사고라는 필터를 통해 걸러낸 뒤, 남은 아이디어 중 같거나 비슷한 아이디어를 수렴해 하나로 정리해 가는 것이다.

이 과정에서 활용할 수 있는 사고의 방법 중 '로직 트리Logic Tree'라는 기법이 있다. 이는 여러 가지 아이디어 중 공통적인 것을 묶어서 하나의 아이디어로 구현할 수도 있고(피라미드 구조화 방법), 또 하나의 콘셉트를 해결하기 위한 여러 가지 구체적인 방안을 생각해 나갈 때도 사용할 수 있다(역 피라미드 구조화 방법). 이 로직 트리 사고 방법은 다음 장의 그림을 보면 쉽게 이해할 수 있을 것이다.

여기에서 구체적인 설계 아이디어를 구할 때, 예를 들어서 비행기 동체 부분을 만들 재료를 생각한다고 하면, 일단 가벼우면서도 튼튼해야 한다는 모순적인 어려움이 생길 수 있다. 참고로 이러한 상호 모순적인 문제를 해결하기 위해서는 TRIZ라는 사고 프로세스가 있는데 이에 대해서는 다음 챕터에서 좀 더 자세히 설명하도록 하겠다.

- **프로토 타입** Proto type

이 단계는 구체적으로 제품이나 서비스를 설계하거나 만들기 전에, 그 내용을 고객이 알 수 있는 프로토 타입을 만드는 것이다. 프로토 타입은 개발 중인 기기, 프로그램, 시스템 등의 성능 검증 및 개선을 위해 상품화에 앞서 제작해 보는 시제품이다. 이

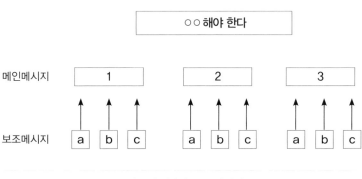

로직 트리_피라미드 구조화 방법

로직 트리_역 피라미드 방법

를 통해 실제 고객의 반응이나 피드백을 들어볼 필요가 있다. 또 머릿속으로 생각만 하는 것보다, 몸을 움직여서 실제로 무언가 만들 때 우리는 더욱 창의적인 발상을 떠올리기도 한다. 이상적

2장 혁신을 위해 훅하라

으로만 생각했던 것을 현실에서 만들어보면 잘못된 점이나 부족한 점을 발견하고 보다 논리적, 비판적 사고를 하게 될 수 있다.

만약 프로토 타입으로 구현하려는 것이 실제 제작이나 생산을 하지 않고서는 구현하기 어려운 것이라면, 그림이나 콘셉트 설명 같은 것을 통해서 고객의 이야기를 들어볼 수도 있다. 이 과정은 실제로 구체 설계가 들어가서 생산되기 전에 고객의 생각을 먼저 들어봄으로써 사전에 문제점이나 개선점을 찾아내는 의미에서도 중요하고, 뿐만 아니라 구현하려는 아이디어를 체계적으로 정리해 보는 과정으로도 매우 중요한 단계다.

• 테스트 Test

앞선 단계인 시제품 만들기와 테스트는 같은 목적을 가지고 있다. 생각했던 아이디어가 실제로 구현 가능하며 가치를 가지고 있는지, 자체적으로도 평가해 보고 실제 고객의 평가도 받기 위해 시제품을 만들어 테스트하는 것이다.

이러한 디자인 씽킹 프로세스는 공감 단계에서 테스트 단계까지 한 방향으로만 진행되는 프로세스가 아니라, 필요에 따라 다시 앞 단계로 돌아가 생각을 정리할 수 있는 양방향 프로세스다. 또한 디자인 프로세스라고는 해도 어느 한 프로젝트에서만 사용될 수 있는 것이 아니라 연구, 영업, 마케팅 분야 등에서 하나의 조직 문화로 자리 잡는 것이 좋다고 본다.

그렇다면 디자인 씽킹 프로세스의 좀 더 명확한 개념 정립을 위해 실제 사례를 살펴보자. 2008년에 구글과 스페셜라이즈드 자동차 회사가 공동으로 개최한 국제 환경 발명품 대회에서 IDEO사가 자전거를 출품해 대상을 받았다.

이 자전거는 아프리카와 같은 저개발 국가의 오지에서 사용될 수 있는 제품이다. 오지에서는 수많은 사람들이 오염된 물을 마실 수밖에 없는 환경에 노출되어 있다. 또 인근 하천 등에서 물을 길어 와야 하는데, 인근이라고는 하지만 환경에 따라 수 킬로미터를 걸어서 오가야 하는 상황이며 이 일은 대부분 어린아이들의 몫이다. 그래서 어린이들의 힘으로 안전하게 물을 길어다 이동할 수 있는 세발 자전거를 만든 것이고, 이에 페달을 밟는 동력으로 물을 정수할 수 있는 기능을 넣었다.

자전거를 개발하기까지 IDEA사의 개발 프로젝트 담당자들은 실제로 현장에 방문하기도 하고, 실제 사용자들 입장에서 필요한 사양을 고민하기도 하면서 이를 구현하기 위한 아이디어를 모았다. 또 시제품을 개발해 실제 사용 대상자들에게 테스트를 한 끝에 이 자전거를 만들었다.

제품 설계의 시작인 공감 단계에서는 이처럼 실제 현장에서 사용자의 입장이나 환경을 경험하며 필요한 해결책을 구하는 것이 무엇보다 중요하다. 이와 비슷한 상황에 대한 솔루션을 고민했으나 실패한 사례도 있다. 인도의 시골 마을에서는 부녀자들, 특히 젊은 며느리들이 물을 길으러 먼 길을 오갔는데 국제 기구에서는 이를 해결하기 위해 마을 앞에 우물을 파는 프로젝트를 시행했다. 그런데 이상하게도 대부분의 마을 주민들이 여전히 먼 곳까지 가서 물을 길어 오는 것이었다. 그래서 다시 심층 조사해서 알아보니, 젊은 며느리들은 물을 긷는 것이 힘든 노동의 시간이 아니라 오히려 더 힘든 가사 일과 시어머니의 잔소리로부터 잠시라도 벗어날 수 있는 해방의 시간이었다. 그래서 마을 가까운 우물을 사용하지 않고 여전히 먼 우물로 물을 길으러 갔던 것이다.

애초에 제품이나 서비스를 설계할 때, 실제 사용자들 입장에서 경험하고 철저한 조사가 이루어지지 않는다면 그 다음 단계에서 아무리 많은 노력을 들여도 좋은 결과가 나오지 않는다는 것을 알 수 있는 사례다. 이처럼 좋은 아이디어가 실제 유용한 제품 개발로 이어지기 위해서는 초반 단계의 확실한 공감부터 이후의 구체적인 구현 계획까지 보다 명확하게 이루어져야 한다.

발명의 기본 원리
TRIZ

19세기 미국의 유명한 발명가 토마스 에디슨은 전구를 발명할 때 쉽게 타지 않으면서 장시간 빛을 밝혀 줄 수 있는 필라멘트를 개발하기 위해, 자신의 머리털부터 백금까지 재료 테스트를 1천 번 이상 해보는 시행착오적인 방법을 사용했다. 그러다가 연구소를 설립해서 1가지 기술 문제를 여러 개의 과제로 나누고, 많은 사람이 동시에 실험을 진행하여 보다 빠른 시간에 결과를 낼 수 있는 방식을 채택했는데 이것이 오늘날 연구소의 출발이다.

그런데 구 소련 해군의 특허청에서 일하고 있던 겐리흐 알트슐러라는 사람은 이러한 시행착오 과정을 줄이고 에디슨 같은 천재가 아니더라도 일반인들 역시 창의적이고 훌륭한 발명을 할 수 있는 방법이 있을 것이라고 생각했다. 그래서 전 세계의 2백만 개 이상의 특허를 조사하고 그중에서 특히 창의적인 4만 건을 분석한 결과를 바탕으로 발명의 원리를 정리했는데 그것이 바로 TRIZ다. TRIZ는 '창의적 문제 해결'이라는 의미의 러시아어 머릿글자를 딴 것인데, 영어로 표현하면 'Theory of Inventive Problem Solving'이다.

알트슐러가 조사를 통해 발견한 것은 창의적인 발명에 있어서도 변하지 않는 기본 원리가 있다는 점이었다. 그래서 대부분의 특허는 이미 알려진 아이디어와 개념을 따라하면 그 발명 과정에서 생겼던 문제점이 해결될 수 있는 성질의 것들이었다. 그는 이런 기본 원리를 40개의 창의적인 문제 해결, 혹은 발명의 원리로 정리했다. 또한 발명 과정에서 발생하는 모순적인 문제점, 예

　　　　　　　　　　　　2장 혁신을 위해 훅하라

를 들어 비행기 동체는 가벼운 동시에 단단해야 한다는 식의 이슈를 해결하기 위해서 기술 모순 매트릭스를 개발하기도 했다.

그리고 해결책을 찾는 과정에서 가용 자원의 활용이라는 측면에서 76가지 표준 해결책을 제시했다. 기술 모순 매트릭스는 발생 가능한 39개의 기술적 모순들을 개선하려는 특성(Y축)과 악화되는 특성(X축)으로 배열해 39X39 행렬 형태로 정의한 매트릭스를 말한다.

다음 장에서 볼 수 있는 왼쪽 표는 모순 매트릭스이고, 오른쪽의 표는 40개의 발명 원리를 나열한 것이다. 앞선 예시처럼 비행기 동체를 만든다고 했을 때 강도를 단단하게 하려면 중량이 증가하는데, 동시에 가벼워야 한다는 모순을 해결하기 위해 모순 매트릭스를 활용하고 오른쪽 표를 보면 40개의 발명 원리 중 1, 8, 15, 40번을 이용하라고 되어 있다.

우선 비행기의 동체는 40번 복합재료를 이용하여 해결할 수 있다. 알루미늄의 합금인 두랄루민을 사용해서 강도는 강철 수준이지만 무게는 3분의 1 정도로 줄인다(최근의 초음속 비행기들은 표면 온도의 증가로 인해 타이타늄 합금체를 사용). 8번 공중부양 원리를 활용해서 비행기 날개 윗면과 아랫면의 공기 속도 차이로 인한 양력을 이용한다. 또, 공기 저항을 줄이기 위해 비행기 몸체는 유선형으로 하되 날개는 양력을 얻기 위한 구조로 분할한 것은 40개의 발명 원리 중 1번 분할을 이용한 것으로 볼 수

개선 되는 특성	악화 되는 특성	1	2	–	14	–	38	39
		이동 하는 물체 중량	이동 하지 않는 물체 중량	–	강도	–	자동화 수준	생산성
1	이동 하는 물체 중량							
2	이동 하지 않는 물체 중량							
–	–							
14	강도	1, 8, 40, 15						
–	–							
38	자동화 수준							
39	생산성							

모순 행렬(Contradiction Matrix)

있다. 이륙 당시 양력을 얻기 위한 날개의 구조가 이륙 후 고속 비행에는 방해가 되고 있어서, 최근에는 기술 발달을 통해 15번 다이나믹성을 이용해 날개의 모양을 가변시키는 초음속 비행기들도 나오고 있다.

1. 분할	15. 역동성	29. 공기 매체와 유체 이용
2. 분리 또는 추출	16. 과부족 조치	30. 유연한 박막 및 필름
3. 국부적 성질	17. 다른 차원으로의 전환	31. 다공성 재료 사용
4. 비 대칭성	18. 기계적 진동	32. 색을 변환
5. 조합	19. 주기적인 적용(조치)	33. 균질성 유지
6. 범용성	20. 유용한 적용의 지속	34. 폐기 또는 복구
7. 끼워 넣기	21. 빠르게 지나가기	35. 물리적, 화학적 상태 변환
8. 균형추	22. 해로운 것을 유익한 것으로 전환	36. 물질 상태변화 이용
9. 사전 반대조치	23. 피드백	37. 열팽창
10. 기능을 미리 설정	24. 중개 매개물	38. 산화제 사용(환경과의 상호작용 증대)
11. 사전 예방 조치	25. 셀프서비스	39. 불활성 환경
12. 동위성	26. 모방	40. 복합재료
13. 거꾸로 하기	27. 값싸고 짧은 수명	
14. 회전 타원형	28. 비 기계적 방식으로 전환	

기술 모순 매트릭스와 40개 발명 원리

이렇게 39X39 모순 매트릭스를 활용해 40개의 발명 원리를 적용하는 창의적인 문제 해결 방법을 찾아볼 수 있을 것이다. 다만 이 모순 매트릭스가 만능은 아니기 때문에, 단지 기술적 난제를 풀 때 중요한 참고 사항으로 활용하면 된다. 이는 각종 포털 사이트에 TRIZ 모순 매트릭스, 39X39 모순 매트릭스 등을 검색하면 엑셀로 정리된 표를 쉽게 찾을 수 있다. 혹은 TRIZ 전문 서적이나 한국 트리즈 학회 같은 곳에서 도움을 받을 수도 있다.

기존에 가지고 있는 자원의 활용 측면에서는 TRIZ 76가지 표준 해결안을 요약해 놓은 것이 있다. 국내 최초로 국제 트리즈 협회의 MATRIZ 인증 Level 4 자격을 획득한 삼성 종합 기술원의 김효준 대표가 저술한 《생각의 창의성 1 TRIZ》에는 "맥가이버는 왜 창의적인가" 하는 내용이 나온다. 80년대 후반 TV에서 맥가이버를 본 그는 맥가이버가 학문적으로 뛰어난 발명가나 과학자는 아니지만 항상 주변에서 아이디어를 얻고 문제를 풀어나가는 모습이 창의적으로 그려졌다고 말하며, 알트슐러도 주변 자원의 활용에 눈길을 돌려 76가지 표준해를 만들었다고 설명한다. 그리고 알트슐러는 이 76가지 표준해를 Class 1에서 Class 5까지의 관점으로 분류하여 정립하였다.

알트슐러의 책 번역서인 《TRIZ 창의성은 과학이다》를 보면 프레온과 오일로 채워진 냉각 장치에서 새는 구멍을 찾는 방법이 예로 제시된다. 냉매에 형광물질을 넣고 어두운 방안에서 자외선을 비추면 냉매 안에 있는 형광물질이 구멍을 통해 스며나오며 발광함으로써 새는 곳의 위치를 알려주는 것이다(발명가 인증번호 277,805). 이는 표준해 Class 1, 물질장 모델의 구성과 유해기능 제거 파트에서 물질 내부에 첨가된 도입의 사례를 활용한 해결책이라고 할 수 있다.

이렇게 설계상에 모순이 되는 문제점을 해결하는 창의적인 방식이 제시되어 있지만, 많은 발명가와 설계자들이 지금까지 문제 해결을 위해 본인이 해오던 사고의 패턴을 벗어나기는 몹시 힘들다고 한다. 그래서 알트슐러는 이러한 심리적 관성을 극복하고 상상력을 자극하면서 TRIZ를 잘 활용할 수 있도록 ARIZ라는 사고 프로세스를 만들었다. ARIZ는 'Algorithm for The Solution of Inventive Problem'이라는 의미의 러시아어에서 머리글자를 딴 것이다.

이를 이용하면 좀 더 TRIZ를 잘 활용할 수 있는 방향으로 사고의 체계를 전환시키기 쉽다. ARIZ의 문제 분석 프로세스는 다음의 7단계 사고를 거치면서 문제를 모델링하고 필요한 표준 해를 적용해 나가게 된다.

1. 최소 문제 : 원하는 특정 작용이 달성되거나 유해한 작용이 제거되는 해법이 나올 때 기존 시스템이 최소한으로 변경되거나 오히려 더욱 간단해져야 한다는 제약 조건
2. 모순 요소 지정
3. 기술적 모순 도식화
4. 도식 모델 선정
5. 모순의 심화

6. 문제 모델링

7. 표준해 적용

TRIZ에 대해 조금 더 상세한 심화 학습을 원한다면 전문서 혹은 TRIZ 학회 등에서 도움을 받아 배워보기를 권한다. 기업 내의 열정이 강한 직원을 선정하여 학습을 지원하고 사내에 전파해도 좋을 것이다.

여기까지가 창의적인 제품 개발 프로세스에서 제품 설계 단계까지 노웨어Know-where적인 관점이라고 할 수 있다. 이는 대개 앞서가는 B2B 기업에 녹아 있는 개발 업무의 프로세스이므로 이 중에서 자사에 필요하다고 생각하는 부분을 취하면 될 것이다. 만약 당장 발등에 불이 떨어진 상태라서 조직 문화를 바꾸어 창의적인 제품이 속속 개발되기까지 기다릴 수가 없는 경우라면, 우선은 원하는 제품을 설계할 수 있는 엔지니어를 스카우트하거나 대학이나 연구 기관과 협력하여 필요한 제품을 개발하는 것이 가장 빠른 길이 될 수 있다. 외부에서 엔지니어를 스카우트할 때는 비용이 들더라도 헤드헌터 회사를 활용하는 것이 좋은 인재를 찾고 또 법적 분쟁의 소지에 대한 자문도 받을 수 있는 방법이다.

4.

아이디어 창출만큼
중요한 품질의 완성

상품 기획에서 양산,
출하까지의 프로세스

　제품의 설계까지 이루어졌다면 다음은 양산 및 출하의 단계가
이어져야 한다. 다음 그림은 전자회로와 소프트웨어, 사출물 등
기구 부품을 포함하여 제품 기획부터 양산 및 출하까지 단계별
게이트에서 필요한 내용들을 점검하여 제품의 품질에 이상이 없

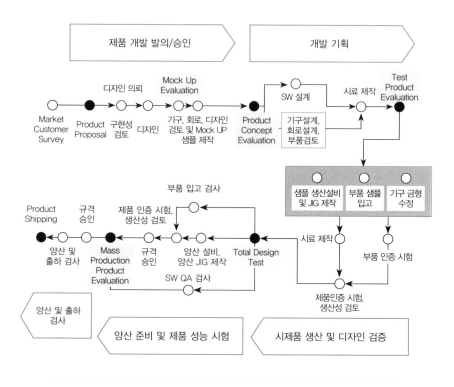

상품 기획에서 출하까지 프로세스

도록 하는 과정을 간단히 나타낸 것이다. 다만 아주 일반적인 내용을 나타낸 것인 만큼, 각 기업에서는 각자의 특성에 맞춰 변형해 활용하면 된다.

먼저 상품 기획에서 양산까지 프로세스는 크게 5가지 단계로 확인할 수 있다.

- 제품 개발 발의/승인
- 개발 기획
- 시제품 생산 및 디자인 검증
- 양산 준비 및 제품 성능 시험
- 양산 및 품질 검사

각 단계 마지막에 다음 단계로 넘어가기 위한 필요 충족 조건을 다 갖추었는지를 알아보는 제품 평가/검증 관문Gate이 있다.

- 제품 콘셉트 평가 게이트
- 테스트 제품 평가 게이트
- 전체 제품 사양 검증 게이트
- 양산품 검증 게이트

각 단계와 검증 관문을 좀 더 상세히 알아보자.

1) 제품 개발 발의/승인

우선 시장과 고객 조사를 통해 제품 개발 제안 혹은 발의를 하게 될 것이다. 디자인을 의뢰하면서, 제안서와 디자인 안을 바탕으로 실제 양산 제품으로의 실현 가능성을 검토한다. 그리고 실제 디자인이 나오면 목업Mock Up 제품을 만들어본다. 보통 대부분의 전자제품은 외관이 플라스틱 사출물로 구성되는데, 이는 금형이라는 틀을 만든 뒤 사출기로 고온 고압의 플라스틱 레진을 분사하여 만들게 된다. 그래서 실제로 금형을 통해 사출물을 제작하기 전에 아크릴 조각 등으로 실제 사출되어 나올 제품과 유사한 제품을 만들어보는 것이 목업이다. 그림Rendering으로 살펴본 디자인을 입체적으로 확인해 보고, 그 안에서 기구나 전자회로 제품을 조립해 완제품으로 구성했을 때 제 성능을 발휘할 수 있을지 알아보는 것이다.

개인적으로 대학을 졸업하고 전자회사에서 음향 제품 설계 엔지니어로 근무할 때도 실제로 이 목업 제품을 많이 활용했다. 당시 별도로 디자인 팀이 있었지만, 기구과 전자회로 설계 엔지니어가 한 팀으로 구성되어서 음향기기를 설계하는 팀에서 팀장을 맡게 됐다. 당시 음향기기의 경우 제품 구상에서 양산까지 3개월에서 5개월밖에 시간이 없어 이 목업으로 제품을 만들어 기구 시제품과 전자회로 시제품을 구성했다. 그래서 매년 있었던 국내의 전자쇼나 미국 라스베이거스에서 열리는 CE Show 등에 신제품을 선보여야 할 때는 많은 날 밤을 새워가며 실제 작동하는 목업 제품을 만들기도 했다.

이때는 쇼 현장에서 관람객들이 제품을 만져 보거나 회사의 제품 소개 담당자가 시연을 하다 보면 불안정한 목업의 기구 제품이 많이 망가지기도 했다. 그래서 여분의 제품과 강력 접착제,

아크릴 조각, 조각 칼, 컬러 스프레이 등을 가져가 현장에서 급히 고치기도 했던 경험이 있다. 영업 사원들이 행사 전문회사에서 파견된 직원들과 화려하게 신제품 소개를 하는 동안, 나와 같은 설계 엔지니어들은 쇼 부스의 뒤쪽 창고 공간에서 목업 제품이 제대로 작동하도록 늘 비상 대기를 해야 했다. 그러면서 다른 직원들이 현장을 돌면서 모아온 타사 신제품 카탈로그를 보며 기술 동향Technology Road Map과 우리의 제품 구상Product Road Map을 생각해 보고, 시간이 나면 직접 부스에 가서 눈여겨본 제품을 살펴보았던 기억이 난다.

　이렇게 실제 구현되는 제품이 아니더라도 최소한 내부 공간을 볼 수 있게 제작된 아크릴 목업 제품, 그리고 주요 기구 부품이나 회로도, PCBPrinted Circuit Board에 구현되는 도면을 바탕으로 일차 관문 통관 품평회를 한다. 이때 디자이너와 기구 설계, 회로 설계 엔지니어를 기본으로 영업 직원과 생산 담당 직원, 구매 담당 직원, 품질 관리 담당 직원들이 모여 여러 문제점과 양산성 등을 검토한다. 요즘은 많은 전자제품(모바일 핸드폰 등)에 소프트웨어가 내장되다 보니 소프트웨어 설계 담당자도 참석하여 제품 사양에 대한 기간 내 설계 및 구현 가능성에 대해 의견을 모으는 경우도 많다. 이렇게 1차 검증 관문인 제품 콘셉트 평가 관문Product Concept Evaluation을 통과하면 다음 단계인 개발 기획 단계로 들어가게 된다.

2) 개발 기획

1차 관문인 제품 콘셉트 평가 관문을 통과하면, 이제는 실제 금형을 만들어서 나온 사출물과 필요한 소프트웨어 부분도 설계해야 한다. 그래서 거의 양산 제품에 가까운 시료 제품을 만들고, 이를 바탕으로 관계자들이 모여 평가한 뒤 다음 단계로의 이관 여부를 결정한다. 이때 통과해야 하는 테스트 관문이 바로 테스트 제품 평가Test Product Evaluation 관문이다.

3) 시제품 생산 및 디자인 검증

이 단계에서는 제품의 성능과 품질, 양산성 측면에서의 검토가 집중적으로 이루어진다. 우선 시제품 생산 설비와 JIG(양산 부품이나 제품 생산 시 생산성을 높이고 측정 계측을 용이하게 하기 위한 보조 장치) 등을 준비한다. 그리고 금형을 통해 실제 사출된 외관 케이스를 점검하고, 필요시에는 금형을 수정하여 사출 제품의 완성도를 높인다. 부품의 경우 샘플 입고 제품의 테스트를 통과하면 양산 시제품 입고를 받고 부품 인증 시험을 거친다. 이때 온도 테스트를 비롯해 UL, CSA 등 화재나 안전 관련하여 각국에서 규제하는 각종 규격에 만족하는지도 테스트한다.

이렇게 완성도를 높인 케이스 부품을 포함한 입고 부품을 가지고 양산 테스트 생산 라인에서 시제품을 생산한다Pilot Production. 그리고 관계자들이 모여 제조된 시제품이 사양을 만족하는지, 품질에 문제는 없는지, 드로잉상의 디자인에 비해 양산 제품의 디자인도 문제가 없는지 등을 평가하는 토탈 디자인 테스트Total Design Test를 실시하여 다음 단계로의 이동 여부를 결정한다. 여기에서의 디자인 테스트는 단순히 외관 디자인만이 아니라, 기구, 회로, 소프트웨어 등 제품의 전체 구성을 평가하는 것이다.

4) 양산 준비 및 제품 성능 시험

본격적인 양산을 위한 준비와 각종 규격 인증을 마친 뒤 제품을 양산하는 단계다. 이 단계에서는 양산 설비와 JIG 등을 갖추고 생산 인원을 교육하며 훈련시킨다. 그리고 입고 부품의 품질 검사와 소프트웨어의 품질 보증Quality Assurance 검사 등을 행한 후, 생산 부서와 품질 관리 부서에서 자체 제품 인증시험 및 생산성 검토를 진행하게 된다. 이후 양산 제품 품평회Mass Production Product Quality Evaluation 단계로 넘어가면 경영진 및 생산, 영업, 개발, 구매, 품질 관리, 디자인 팀 등 각 관계자들이 모두 모여서 품평회를 갖고 제품의 계속 생산 및 출하 여부를 결정한다.

5) 양산 및 출하 검사

이 단계에서는 계속 양산 제품을 생산하며 출하 검사를 병행한다. 이때 철저한 품질 관리가 반드시 필요하다. 삼성 SDI 사장을 역임한 조남성 대표는 《그로쓰 GROWTH》라는 책에서 "개발 단계에서의 품질은 성능이고, 생산 단계에서의 품질은 산포"라는 이야기를 했는데 공감이 가는 부분이다. 똑같은 성능의 제품이 균일하게 나오는 것이 곧 완벽한 품질이라는 것이다.

또한 제품 출하 후 거래선이나 소비자에게 인도된 후 발생하는 품질 문제는 소위 애프터 서비스(A/S)를 통해 처리해야 한다. 대기업들은 이미 자체 서비스망을 구축하고 있지만 중견·중소기업의 경우는 이러한 서비스 네트워크가 없는 경우가 대부분이다. 이 경우는 B2C이든 B2B이든 제조 업체를 대신하여 현지에서 A/S를 대행해 주는 업체들을 이용할 수 있다. 특히 큰 업체의 경우는 글로벌 네트워크도 가지고 있어 수출 후 발생하는 문제를 처리하기에 용이하다. 물론 서비스 대행의 비용이 높은 편이라서 선뜻 사용하기 쉽지는 않지만, 충분한 마진이 보장된 제품이라거나 거래선이 사후 서비스에 대한 확실한 보장을 요구할 때는 고려해 볼 필요가 있다.

이와 관련해 내가 종합상사의 미국 주재원으로 근무했을 때의 경험을 하나 소개한다. 자동차에 전장 제품이 늘면서 미국 미네아폴리스에 있는 Snap&Tools라는 자동차용 공구 업체에서도 이러한 전장 제품 성능을 점검하는 장치를 사용했다. 그래서 이 장치에서 화면을 구성하는 모니터 제품을 국내 중견기업의 제품으로 판매한 적이 있었다. 그런데 일부 생산 로트Lot 제품에 불량이 생겨 거래선으로부터 클레임을 받게 됐다. 당시 우선 거래선의 생산 재개를 위해 불량품은 양품 모니터로 긴급 대체하고, 불량 모니터는 현지에서 수리를 진행했다. 그리고 다음 로트에서 입고 부품 검사를 통과하면 거래선에 납품하는 것으로 협상한 뒤, 이를 해결하기 위해 미국 내에서 모니터를 수리할 수 있는 분을 찾았다. 다행히 그분이 제조 업체 측으로부터 수리 부품과 수리 매뉴얼을 받아 수리를 진행해 문제를 해결할 수 있었다.

사실 과거 국내의 유명 종합상사들은 국내 중견기업의 제품 수출을 도와주며 이러한 일을 많이 하기도 했는데, 요즘에는 종합상사에서 이런 역할을 많이 하지 않는 것으로 알고 있다. 그래서 KOTRA나 무역협회의 해외 조직을 알아보는 것도 하나의 방법이 될 수 있다. 또 어떤 거래선은 현지에 재고를 두고 필요할 때 즉시 공급해 주기를 원하는데, 이 경우 대형 물류회사의 현지 창고를 이용하는 것도 좋다. 개인적으로도 국내 대형 물류 회사의 CEO로 있을 때 이러한 비즈니스를 한 경험이 있다.

여기까지가 사출 기구물과 전자회로 소프트웨어 등이 복합된 제품의 경우, 기획 발의 단계에서부터 양산 제품 출하까지의 과정이라고 할 수 있다. 각 기업에서는 이미 훨씬 복잡한 과정을 거쳐 진행하고 있는 곳도 있고, 또 다른 프로세스를 가진 곳도 있을 것이다. 각 기업의 필요에 따라 위의 프로세스를 참고하여 빼거나 추가해서 사용하면 된다. 다만 이처럼 각 단계의 통과 관문인 품평회에 관계자들이 모여 다음 단계로의 이관 여부를 결정하면, 나중에 제품 양산과 출하 후 일어날 수 있는 문제를 사전에 상당 부분 예방할 수 있다. 또한 품평회에서 회의록을 만들어 기록하는 것도 좋은 방법이다. 각자 발언에 신중을 기할 수 있을 뿐 아니라, 추후 문제가 생겼을 때 복기하여 재발을 방지하는 데에도 많은 도움이 되기 때문이다.

실제로 내가 과거 음향 제품 개발 책임자로 있었을 때, 목업으로 만들어진 시료의 한계 때문에 Test Product Evaluation 단계가 제대로 이루어지지 않아 생겼던 에피소드가 있다. 그 제품은 FM과 AM 라디오 방송 수신기를 부착한 한 카세트 테이프 레코더였다. 요즘은 카세트 테이프로 음악을 듣는 사람이 없지만, 당시 1970년대에는 기존의 LP 레코드판에 비해 이동 및 보관성이 월등히 좋은 카세트 테이프가 각광받고 있었다. 덕분에 자동차에 자체 내장된 오디오(음향 제품) 기기에도 많이 쓰이고, 포터블 LP Player(야외 전축)를 대신하는 제품으로 많이 팔리기도 했다. 그리고 카세트 카트리지가 얼마나 재생되었는지 보기 위해서 투명 아크릴 창을 통해 테이프가 감긴 양을 확인할 수 있었다. 이 아크릴 창을 카세트 카트리지에 장착시켜야 하는데, 당시 영업 임원이 해외의 전자 쇼에서 사온 제품을 참고하여 생산성이 더 좋은 방법으로 설계가 이루어졌다.

이때 투명 아크릴만 전적으로 생산하는 업체가 없어서 색소가 있는 플라스틱 사출물을 사출하는 성형기를 사용해야 했다. 이 경우 상당히 많은 양의 아크릴을 사출한 뒤 색소가 섞여 나오는 부분을 모두 버려야 투명한 제품을 얻을 수 있었다. 그러다 보니 약 10개 양산 로트에 사용될 만큼 많은 양의 사출물이 발생하여, 구매 부서에서는 어쩔 수 없이 10개 로트분 선발주가 이러어졌다. 이것으로 시제품을 만든 뒤 각종 테스트를 시작했는데 테스트를 하다 보니 테이프 레코더 홀더를 열어주는 이젝트Eject 버튼을 조금 힘을 줘서 누르면 투명 아크릴 창이 튀어나오는 문제가 발견됐다. 금형을 약간 수정하면 쉽게 해결할 수 있는 사안이었지만, 문제는 이미 대량으로 만들어진 부품들이었다.

경영진에서는 만들어진 부품을 폐기하고 새로운 제품으로 대체한 뒤 다음 스테이지로 넘어가라고 권장했지만, 당시 패기 넘쳤던 나는 개발 책임자로서 도저히 용납이 되지 않으니 양산 전까지 꼭 문제를 풀어 보겠다고 보름 가량을 문제 해결에 매달렸다. 우선 납품 업체를 쫓아다니며 이젝트 스프링 강도를 조절하는 방법을 시도했다. 프레스 금형으로 사출된 이젝트 스프링 강도 조절을 위해 판 스프링 재질을 바꿔 보기도 하고, 모래와 판 스프링을 한 통에 넣고 같이 돌려서 스프링 강도를 약하게 만드는 샤링이라는 방법도 써봤다. 그렇게 시제품 단계의 샘플이 품질 관리를 담당하는 QCQuality Control 테스트를 통과한 것까지는 좋았는데, 문제는 제품이 일관성 있게 생산될 수 없다는 점이었다. 100개 정도의 판 스프링을 만들어 테스트해 봤는데 강도가 일정하게 나오지를 않았다. 즉 품질의 산포가 엉망이었던 것이다.

결국 이젝트 스프링 강도로는 문제를 해결할 수 없다는 결론에 이르렀고, 이번에는 접착제를 사용해 카세트 홀더와 아크릴을 접착제로 붙이는 방법을 써 보기로 했다. 처음 QC팀에서는 반대했지만, 내가 워낙 애쓰는 모습을 보다 보니 사전 지식이 없는 사람이 육안으로 봐서 접착제 사용을 알아차리지 못할 정도라면 통과시켜 주겠다며 양보했다. 그때부터 온갖 접착제를 다 사용해서 실험을 했다. 아크릴이 투명하기 때문에 대부분의 접착제는 접착 부위에 티가 났다. 액상형 강력 접착제를 살짝 바르면 접착 당시에는 괜찮은데, 시간이 지나면 그 부위의 아크릴이 뿌옇게 변하는 백화 현상이 생겨 버렸다. 시간은 흐르고 뚜렷한 해결책은 안 나오고, 심신이 지쳐 몰골이 말이 아닐 때쯤 개발부장님이 결국 새 부품으로 처리하기로 결정하며 집에 가서 무조건 쉬고 오라는 명령을 내렸다.

당시 나는 회사에 많은 손해를 끼치고서 아무 일 없다는 듯이 계속 근무한다는 게 용납이 되지 않아서, 우선 좀 자고 일어나 사표를 써야겠다는 마음을 먹고 기절하듯이 잠이 들었다. 그리고 오랜만에 푹 자고 개운하게 일어나서 사표를 쓰려고 볼펜을 찾아 주변을 두리번거리다가, 그 당시 신혼집에 흔히 있던 가구인 좌식 자개 화장대에 놓여 있는 볼펜을 집어들려고 했다. 그런데 볼펜이 화장대에 붙어 떨어지질 않았다. 자세히 보니 아내가 손톱 매니큐어를 지울 때 쓰는 아세톤 방울이 화장대에 떨어지면서 볼펜과 화장대 사이에 약간 스며들었는데, 그때 화장대 표면을 칠한 투명한 광택이 나는 물질과 접착이 되어 있는 것이었다. 그런데 접착 부위에 백화 현상이 보이지 않아서 붙은 줄 모르고 무심코 볼펜을 집으려고 했던 것이다. 그걸 알아차리는 순간 "유레카!"를 외쳤다.

그 길로 곧장 택시를 타고 회사로 향해 당장 실험 샘플 10개를 만들어 QC팀으로 달려갔다. 그렇게 제반 테스트를 거쳐서 끝내 승인을 얻어냈고, 10개 생산 로트만큼 생산해 둔 재고를 실제 제품 생산에 투입할 수 있게 되었다. 그때의 QC팀 과장이었던 선배님과는 지금까지도 교류를 하고 있다. 나중에 알아보니 조금 어렵긴 해도, 아크릴 레진 판매처에서 공급 업체를 알아내면 사출 업체를 통해 우리 금형을 걸고 소량 사출을 하는 방법도 가능하긴 했다고 한다.

어쨌든 결과적으로 무사히 해결되기는 했지만, 각 관문을 넘어갈 때 확실한 점검과 품평이 얼마나 중요한지 다시 느끼게 되는 경험이었다. 제품의 성능 구현뿐만 아니라, 고객 측면에서 양산 품질이 보장될 수 있는지, 샘플 제품의 발주 상황은 어떠한지 등을 종합적으로 살펴야 이후에 일어날 수 있는 문제 상황을 최대한 예방할 수 있다.

고유한 기술을 지키는
지적 재산권 검토

동네 골목의 싸움판이 아니라 국제 경기의 링에 오르면 그에 걸맞은 규칙을 따라야 한다. 더불어 각기 나름대로의 필살기를 가진 세계적인 강자들과 맞붙어 이겨야만 비로소 세계 챔피언이 될 수 있다. 방식은 다르지만 링 안에서 싸움이 일어날 수 있는 건 기업의 세계에서도 마찬가지다. 각 사가 자사만의 고유한 기술을 특허로 등록하는데, 그 특허의 포괄적인 해석을 통해 공격을 해오는 경우가 적지 않다. 때로는 자사 제품은 전혀 생산하지 않고 여기저기에서 사들인 특허권만 가지고 큰 보상을 요구하며 공격을 해오는 개인이나 기업도 있다.

그래서 설계 과정에서 특허 침해의 가능성까지 꼭 알아보고 대비해야 할 뿐만 아니라, 제품 출하 후에 발생하는 공격에 대해서도 적절히 대응해야 할 필요가 있다. 이럴 때는 우리 기업에서도 가지고 있는 특허가 많다면 방어와 협상에 많은 도움이 된다.

대기업은 특허 전담 부서가 있어서 적절히 관리하는 것이 어렵지 않지만, 중견·중소기업은 이러한 조직이 없는 경우가 많을 것이다. 우선은 제품을 설계하는 R&D 관련 조직에서 자체 특허 등록을 하거나, 특허청 혹은 변리사의 도움을 받는 방법이 있다. 국내든 국외든 대기업에 납품하는 B2B 기업이라면 거래선의 특허 부서와 협업을 통해서 어느 정도 대비할 수 있을 것이다.

성공을 향해 딜하라

차별화된 영업과 마케팅

DEAL

1.

좋은 제품일지라도
알려야 보배가 된다

　내가 LG전자 B2B 사업 영업 마케팅 부분 초기 골격을 갖추어나가고 있을 때, 기회가 있어 GE를 견학하고 연수받은 적이 있다. 그때 GE에서는 잭 웰치 회장의 후임인 제프리 이멜다 회장 체제에서 'CECOR Calibrate, Explore, Create, Organize, Realize'라는 경영혁신 활동을 전개해 나가는 중이었다. GE의 사내 교육기관인 크론트 빌 연수원 곳곳에도 아이디어 창출을 의미하는 불 켜진 전구 그림 포스터가 붙어 있는 것을 볼 수 있었다.

잭 웰치 회장은 취임 후에 1, 2등 이외의 사업은 모두 철수하라고 하면서 선택과 집중을 통해 GE를 급성장시켰다. 하지만 '열흘 붉은 꽃은 없다花無十日紅'라는 말이 있듯 이 전략은 장기적으로 유효하지는 않았다. 1, 2위 업체가 시장 점유율을 계속해서 급속히 올려 나갈 수 없다 보니 어느 순간 성장 정체라는 위기에 빠져든 것이다. 그러자 후임인 제프리 이멜다 회장은 취임 후 자신이 속한 산업군에서 시장 점유율이 10%를 넘지 않도록 시장을 확대해서 보고, 거기에서부터 다시 점유율을 키워 나가자는 계획을 세웠다. 또한 새로운 사업 기회 발굴에 대한 아이디어를 그룹 전체에서 구하기 시작했다.

다만 쏟아지는 아이디어를 전부 회사에서 사업화할 수 없기 때문에 자체 필터 기능을 만들었던 것으로 추측한다. 개인적인 생각이지만 이를 위해 켈로그 대학과 제휴하여 여러 전략과 마케팅 이론 중 핵심적인 것을 정리하고, 각 사에서 직원들을 교육시키고 전파하려고 한 듯하다. 개별 회사, 각 사업부에서 여러 아이디어를 자체적으로 점검해 걸러낸 뒤 남은 것을 두고 회사 혹은 그룹 차원의 신규 사업 지원 여부를 결정한 것이 아닌가 싶다.

제프리 이멜다 회장의 신사업 개발론인 CECOR은 새로운 시장에 진입하기 전에 마케팅 관점으로 일련의 프로세스를 점검하고 기회를 찾는 전략이라고 할 수 있다. CECOR의 각각을 더 자세히 살펴보면 다음과 같다.

3장 성공을 향해 달하라

Calibrate 사전적인 의미는 '계산하다'지만, GE의 제품이 속한 산업군을 확대하여 시장 점유율을 재정의하기 위한 단계다. 이때 포터 교수의 Five Forces 이론 중 가치 사슬Value Chain, Market Map 등의 툴을 사용하여 시장을 정의하고 시장 환경을 분석한다. 이를 통해 목표 시장을 선정하는 단계다.

Explore 이렇게 재정의한 시장 점유율의 산업군에서 고객군을 정하고, 거기에서 목표 고객에 대해서 어떠한 차별화된 경쟁력으로 승부할지 검토해보는 단계다. 이때 사용하는 도구로는 STP, SWOT 분석 등이 있다.

Create 앞 단계의 내용을 바탕으로 아이디어를 짜내어, 어떤 제품을 개발하고 또 그 제품으로 해당 고객군에게 어떤 가치를 제안할 것인지 등을 검토하는 단계다. 아이디어 창출을 위한 여러 가지 도구들을 사용하여 목표 고객에 대한 마케팅 믹스 전략 등을 수립한다.

Organize 창의적 제품 개발 단계를 거친 다음으로는 실제 시장 출시 계획과 판매 목표, 재무 성과 등을 검토한다. 이 단계에서 사용되는 도구는 컨조인트 분석이나 Value Based Pricing 등이 있다.

Realize 마지막 구현 단계로, 영업이나 마케팅을 통한 구체적 성과를 확인하며 고객의 소리도 계속해서 피드백 받는다. 그래서 고객과 자사(GE)에 미치는 영향을 분석하고 기존 전략을 평가하며 필요 시에는 다시 수립하는 단계다.

앞의 3단계에서는 혁신적인 아이디어를 도출하고, 뒤의 2단계에서는 실질적인 상품화를 진행하는 셈이다. 실제로 GE에서는 이러한 CECOR 방법론을 적용하여 매년 100개가 넘는 프로젝트를 사업화하고 있다. 이러한 개발론을 비롯해 앞으로 다룰 영업 마케팅의 핵심 이론은 B2B 신규 사업에 진출하고자 하는 분들이 사업 타당성의 자체 점검을 위해서 활용하거나, 현재 하고 있는 사업의 적정성 여부를 점검하는 데 사용해도 좋다.

B2B의 핵심 영업/마케팅은 접근법부터 다르다

제품을 기획하고 만들어서 아무리 훌륭한 결과물을 낳았다고 해도, 자기 만족으로 끝나서는 안 될 것이다. 아무리 좋은 제품이라도 잘 팔리지 않으면 아무 소용이 없다. 많은 기업이 제품이 좋으면 당연히 잘 팔릴 것이라고 막연하게 기대하는데, 제품 설계와 영업·마케팅을 모두 해 본 경험에 따르면 전혀 그렇지 않다고 단언할 수 있다.

일단 기본적으로 이 제품이 좋은 것은 팩트라고 하더라도 우리 기업이 그런 제품을 가지고 있다는 것을 고객들은 모를 수 있다. 또 고객은 선입견을 가질 수 있기 때문에, 이 선입견을 깨고 우리 제품이 우수하다는 것을 인식할 수 있도록 알리는 데에 마케팅 비용이 들어가게 된다. 특히 B2C 제품은 불특정 다수의 소비자를 대상으로 하는데 기존의 유명 브랜드에 대한 소비자의 신뢰도가 강하다 보니 이를 깨기 쉽지 않다. 새로운 제품이 나왔을 때 이를 알리고 선호도를 높이기 위해서는 많은 노력이 투자되어야 하는 것이다.

과거에 국내 대기업 전자회사에서 근무했던 당시, 모바일 핸드폰 해외 마케팅을 담당했던 적이 있다. 당시 CDMA폰에 이어 GSM폰을 출시하여 영업을 확장해 나갈 때였는데, 초기에는 영업 신장이 미미했다. 그때 연구개발 부서에서 '초콜릿폰'이라는 디자인의 획기적인 제품을 내놓았다. 제품은 충분히 좋았지만 소비자들이 이를 모르는 상태에서 알아서 팔리도록 가만히 내버려 둘 수는 없었다. 일단 파격적인 이름을 내세우면서 거의 1년치 광고 예산을 이 핸드폰 하나에 다 쏟아부어 대대적인 마케팅 캠페인과 영업 활동을 벌였다. 만약 이 핸드폰이 성공하지 못하면 다른 핸드폰에 쓸 마케팅 예산이 없어 소위 말하는 옷 벗을

각오를 하고 뛰어들었는데, 다행히 소비자들의 인식에 파고드는 데 성공하여 제품의 가치를 알릴 수 있었다.

이와 달리 B2B 제품은 불특정 다수의 소비자가 아니라 특정 거래선의 구매 담당자나 개발부서 담당자 등 전문가들로 구성된 소수 인력을 상대로 하기 때문에, 영업 마케팅 활동도 B2C와는 다르다.

모바일 핸드폰의 경우도, 내가 북미에서 Verizon, Sprint, AT&T 등 Carrier라고 하는 이동통신 운영 사업자를 대상으로 주로 영업 활동을 했을 때는 B2B 사업의 성격이 강했다. 당시는 사업자가 특정 핸드폰에 대해 프로모션을 하면서 보조금을 부여하고, 소비자가 그 핸드폰을 1~2년간 사용하기로 약정하면 기기를 무상으로 제공했다. 따라서 사업자가 어떤 핸드폰을 프로모션하느냐가 판매 수량을 결정하는 주요 변수였다. 더구나 최종 완제품이 아닌 부품을 판매하는 경우엔 최종 소비자는 알 수 없으므로 소비자를 대상으로 하는 마케팅 활동은 당연히 거의 필요하지 않았다.

그러나 또 다른 예로는 PC의 핵심 부품인 프로세스 제품을 만드는 인텔Intel에서는 최종 완제품에 자사의 프로세스를 탑재했다고 알리는 'Intel Inside' 프로모션을 진행했다. 이는 최종 소비자를 대상으로 한 대대적인 광고 캠페인에 더해 최종 완제품 판매자의 광고비 지원 등을 통해 상당한 성공을 거둔 케이스라고 할 수 있다.

이처럼 B2B에서의 영업·마케팅 프로세스는 흔히 생각하는 B2C의 경우와는 다른 성격을 갖게 된다. B2B의 핵심 영업 마케팅을 펼칠 수 있는 프로세스를 이해한다면 큰 비용을 들이지 않고도 자체적으로 충분히 체계적인 사업 확장 단계를 밟아 나갈 수 있을 것이다.

B2B 성공을 위한 필수조건, 파이프라인

물류회사 대표를 퇴임하고 대학에서 산학협력 담당 부총장으로 재직 시, 학생들의 현장 실습과 취업을 위해서 많은 중소·중견 B2B 기업들을 접하게 됐다. 그때 기업들이 체계적인 영업 마케팅 프로세스를 갖추면 좋겠다는 바람을 가지고 있었는데, 당시 내 후배이기도 한 'John&Partner'의 박세정 대표가《파이프라인을 구축하라》라는 책을 출간했다. 파이프라인 매니지먼트라는 단어가 다소 생소하게 들릴 수도 있는 분들을 위해서, 내가 이 책에 쓴 추천사를 잠시 소개해 본다.

"제가 'John&Partners'의 박세정 대표를 처음 만난 것은 박대표가 LG 경제 연구원에 B2B 전문가로 재직하고 있을 때였습니다. 그때 저는 LG전자 부사장으로서 동남아 담당 지역 대표로 근무하다 본사에서 B2B 사업 본부를 신설하면서 B2B 마케팅 총괄 업무를 맡게 되었습니다. B2B 사업의 마케팅 및 영업 프로세스를 기초부터 다시 다져 나갈 때이기도 했습니다.

그러다 LG 경제 연구원에서 박세정 대표를 소개받아 파이프라인 경영관리Pipeline Management 이야기를 듣게 되었습니다. 일반 소비자를 대상으로 하는 B2C 사업과는 달리, 기업 고객을 대상으로 하는 B2B 사업은 영업 기회 발굴에서 수주까지 리드 타임Lead Time이 긴 것이 특징입니다. 그래서 가망 고객 발굴Prospect에서 구매 의사 확인 및 내부 점검Qualification, 그리고 고객사에 제안 및 협상Proposal을 거쳐서 최종 수주Award에 이르는 일련의 영업 단계를 관리하는 것이 매우 중요합니다.

이러한 프로세스 기반의 경영을 '파이프라인 관리'라고 하는데, 저는 이 파이프라인 전체를 체계적으로 그리고 과학적으로 관리하는 것이 B2B 사업의 성공에 필수라는 것을 깨달았습니다. 과거 LG전자 및 범한 판토스(현 LX그룹 계열 LX판토스)에서 B2B 사업 경영진으로 일하면서 알게 된 B2B 사업의 핵심은 파이프라인 관리와 KAM Key Account Management, 그리고 협상력과 고객의 아픈 부분을 찾아내 이에 솔루션을 제공해 줄 수 있는 능력이었습니다.

박 대표와 함께 파이프라인의 틀을 구축하면서 LG전자 B2B

마케팅의 뿌리를 만들어갔던 기억은 지금도 저에게 즐거운 추억으로 남아 있습니다. 이 책은 '파이프라인 경영혁신'에 관한 내용으로, 앞으로 우리나라의 산업이 나아갈 방향이 기존 소비자 중심의 B2C에서 새로운 개척지인 B2B 영역으로 확대되어야 한다고 믿는 저로서는 분명 많은 분들에게 도움이 될 것이라 기대합니다. 그래서 더욱 강화된 전문 지식을 바탕으로 많은 B2B 성공 사례가 생겨나고, 또 대한민국의 경제 발전이 조금 더 성숙한 단계로 도약하는 데 기여하길 기대해 봅니다."

실제로 B2B 사업을 성공적으로 확장해 나가기 위해 파이프라인을 체계적으로 관리하는 것은 매우 중요하며, 이에 관한 내용만 해도 책 한 권의 분량이 나온다. 여기에서는 B2B 사업에 필요한 전문 지식에 대한 최소한의 개요 위주로 다루고 넘어가고자 하니, 상세한 부분은 더 공부하거나 사내 전문가를 영입해 활용하면 한 단계 깊은 더 이해와 활용이 가능할 것이다.

비즈니스 기회를
가시화하여 관리하는 법

파이프라인은 B2B 비즈니스의 영업 기회를 가시화하고 관리 가능하게 하는 수단이다. 각 단계별, 담당별로 전반적인 과정을 파이프라인 매니지먼트를 통해서 관리할 수 있다고 보면 된다.

- 영업 담당자는 각자의 영업 활동을 계획하고 진척 사항 및 히스토리 관리를 할 수 있다.
- 관리자는 영업 활동의 데이터베이스로 한눈에 조직원 내지 전사 영업 상황 파악을 할 수 있고, 이를 통한 개선 및 코칭이 가능하다.
- 경영진에서는 전사 영업 활동을 파악하는 용도로 쓸 수 있다. 당장 발등에 불이 떨어진 이번 주, 이번 달의 실적이 아니라 미래의 영업 실적으로 이어질 과정까지 살펴봄으로써 미리 대비할 수 있는 기회를 갖게 된다. 또한 B2B 영업과 같이 기회 발굴에서 실제 매출까지 영업의 긴 진행 과정을 한눈에 알 수 있기 때문에, 영업 사원에 대한 평가와 보상 역시 단순한 결과를 보는 것이 아니라 전체 진행 과정을 파악하여 진행할 수 있다.

전체 과정을 설명하면 다음과 같다.

우선 시장 조사를 통해서 타깃 고객을 설정하고, 고객별 예상 물량과 예상 매출을 수치로 나타내 본다Prospect. 이때 단순히 타깃 고객만 선정하는 것이 아니라 그 고객에 대해 자사의 제품이나 역량으로 가능한 예상 물량과 그에 따른 예상 매출 금액도 수

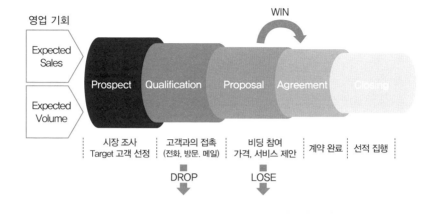

영업 파이프라인 구성도

치로 나타내봐야 한다. 그래야 파이프라인 전체에 들어가는 숫자에 대비해서 실제로 최종 계약이 완료되고 제품 출하까지 이어지는 거래에 대해 점차 가늠할 수 있다. 이력이 쌓이게 되면 파이프라인 대비 실제로 얼마가 매출로 이어지는지에 대한 통계 데이터가 생기게 되는 것이다. 그리고 이를 통해 당장 눈앞에 닥친 상황이 아니라 몇 개월 후, 또 1년 후의 매출을 올리기 위해 지금 당장 무엇을 해야 하는지 파악할 수 있다. 또한 타깃 고객과 예상 매출액 등은 회수를 거듭할수록 정확도를 올리려는 노력도 병행할 필요가 있다.

이렇게 설정된 타깃 고객은 단순히 영업 마케팅에 기반해 설정된 것이기 때문에, 실제로 그 고객을 만나서 거래 성사 가능성을 알아내고 실제 입찰이나 가격, 납기, 사양 등 거래 조건을 제시하는 단계까지 가기 위해 노력하는 단계를 고객과의 접촉Qualification 단계로 분류한다. 실제로 타깃 기업의 실무진과 연결되어 회사 소개를 하고 사업 기회가 있을지 알아보는 단계다. 타깃 고객이 정해졌다 해도, 실제 구매 업무를 담당하는 실무진과 접촉하여 미팅까지 가는 단계는 쉽지 않다. 영업 직원이 인맥을 통해 접촉하거나 이미 알고 있는 경우도 있지만 대다수가 그렇지 않을 것이다.

따라서 우선 내가 가진 네트워크를 동원해서 알아보는 방법, 그다음은 회사의 대표 번호로 전화를 걸어 구매 부서에 연결을 요청하거나 혹은 전화를 받은 상대방에게 우리 회사 제품(혹은 서비스)을 간단히 소개하며 누구와 이야기하면 좋을지 물어보는 방법이 있다. 내가 가진 네트워크를 동원할 때는 주위에 그 회사에 다니는 지인이 있으면 가장 빠를 테고, 아니면 업계 내 발이 넓은 사람을 지인을 통해 소개받고 그 사람을 통해 알아볼 수도 있을 것이다. 물론 요즘은 개인정보 관련 법이 엄격한 만큼 위법 사항이 없도록 주의를 기울일 필요도 있다.

초기 접촉 과정은 영업 사원이 현장 영업을 하면서 틈틈이 남는 시간을 할애해 직접 시도할지, 혹은 초기 접촉까지는 인사이드 영업 직원이 진행하고 결과를 영업 직원에게 넘겨줄지 각자 사정에 따라 선택하면 된다.

이 단계를 지나면 실제로 입찰에 참여하거나 거래에 대해 구체적인 제안과 협상이 이루어지게 된다. 이렇게 타깃 고객사의 구매 실무진과 B2B 제품의 경우 필요에 따라서는 제품 설계 및 부품 사양 결정을 담당하는 개발 및 R&D 부서 실무진과도 미팅 및 상담을 거쳐서 입찰 참여 내지는 제품 사양과 납기 가격 등 제반 조건을 제출하게 되는 단계가 비딩 참여/가격 서비스 제안Proposal 단계가 되겠다.

다음으로 자사의 조건이 타깃 고객에게 받아들여지고 실제로 계약이 성사되는 것이 계약 완료Agreement 단계이며, 계약 완료 후 실제로 제품이 출하되어 자사의 매출로 잡히는 단계가 선적 집행Closing 단계다.

파이프라인을 관리할 때 완전히 새로운 고객만 대상으로 할 것인지, 아니면 전체의 매출 가능성 규모를 알기 위해 기존 고객의 미래 매출 예상까지 포함할 것인지를 정해야 한다. 내가 알기로 대부분 앞서가는 B2B 기업들은 대부분 전체 규모를 관리하고 있는데, Prospect 단계에서 Closing까지 가는 성사율이 다르므로 전체를 보되 세부적으로 나누어 관리하는 방법도 효과적이다. 그래서 최종적으로 선적이 완료된 고객도 그 건이 계속 이어지거나 이어질 가능성이 있는 경우는 다시 Prospect에 그 예상 매출 기회를 입력하여 관리하도록 한다.

이와 같은 파이프라인 관리는 영업 사원 개개인이 회사 IT 시스템에 입력한 뒤 이를 종합하고 분석해 보는 프로그램이 필요하다. 이는 각 회사에서 따로 개발하거나, 혹은 상용화된 프로그램을 판매하는 세일즈포스 같은 회사도 있다. 아주 초기에는 엑셀 베이스로 프로그램을 만들어 써 봐도 되고, 상용화된 프로그램도 사용자 베이스로 사용료를 지불하는 비용이 크지 않기 때문에 좋은 선택이 될 수 있다. 더불어 이 경우 상용 프로그램 판매 회사에서도 실제 사용 및 응용 방법에 대해 충분히 교육을 해 주기 때문에, 파이프라인 관리의 개념과 활용도를 이용하는 데 많은 도움이 될 것이다. 나의 경우 초기에는 엑셀 베이스로 관리하다가 나중에는 오라클의 시벨Siebel이라는 응용 프로그램으로 자체 개발을 해서 사용했다.

구체적인 파이프라인 응용 단계

파이프라인에 일단 데이터가 들어간 이후부터는, 입력된 타깃 고객의 이름이 없어지거나 예상 매출액이나 물량에 변동이 생길 때마다 반드시 이를 점검해 봐야 한다. 여기에 바로 파이프라인 관리의 묘미가 있다.

일단 파이프라인에 등록된 타겟이 다음 단계로 넘어가지 못하고 중간에 탈락하는 경우가 있을 것이다. 이때 그 탈락 원인을 분석해 봐야 한다. 가격, 납기, 사양, 품질, 고객 친밀도 등 다양한 원인이 있을 수 있는데 이 부분을 보강해야만 자사가 경쟁력을 가지고 고객을 확대해 나갈 수 있다. 다만 모든 고객을 다 만족시킬 수는 없기 때문에 앞에서 설명했듯이 STP 전략을 살펴보고 적절히 취사선택하며 분석해볼 필요가 있을 것이다.

또 아주 애매한 부분이 있는데 영업 사원들이 그 고객은 어떤 특정 거래선과 아주 밀접한 관계가 있어 어지간한 혜택으로는 거래선을 바꾸지 않으려 한다고 이야기하는 경우다. 이때도 자사 역시 장기적인 안목을 가지고 그 고객과의 친화력Customer Intimacy을 높여 나갈 필요가 있다. 많은 회사가 이 부분을 그저 영업 사원이나 관련 관리자의 개인 역량에 의존하는데, 앞서가는 B2B 회사들은 이 역시 프로세스를 통해 체계적으로 관리한다. 또한 애초에 설정한 목표 대비 매출액이나 물량에 현저한 차질이 생기는 경우에도 이를 분석하여 예측의 정확도를 계속 올려야 한다.

· **속도 관리**

회사가 파이프라인을 도입해 이를 관리해 나갈 때, 영업 관리는 더욱 체계적으로 이루어질 필요가 있다. 영업 사원 입장에서 당장 이번 주, 이번 달 실적에 대해서는 부진한 이유를 여러 가지로 찾을 수 있겠지만, 앞으로 1년 후에 실적화가 가능한 거래선을 타깃 고객 선정 단계에 넣어야 한다면 보다 분명한 계획이 필요하다. 영업 가능성이 있는 고객을 모르는 채로 영업을 한다는 것은 본질적으로 말이 안 되고, 무엇보다 비효율적인 일이다. 내 경험에 비추어 보아도 전 직장에서 B2B 영업 관련 조직을 정비해 파이프라인을 처음 도입하고 시행할 때, 타깃 고객 선정 단계까지는 어느 정도 순조로웠으나 다음 단계인 고객과의 접촉으로 넘어가는 건 본사 및 각 지역의 단위 조직마다 현저히 달랐다. 일부 영업 사원이 등록만 일단 하고 제대로 관리를 하지 않았던 것이다. 그래서 이 파이프라인에서는 한 달이나 한 분기 등 특정 기간을 지나도 다음 단계로 넘어가지 못하는 Account에 대해서는 사유와 대책을 묻고 철저한 관리를 해 나갈 필요가 있다. 이것을 속도 관리라고 한다.

• **영업 기회 규모 분석**

회사에 B2B 사업 프로세스에 의한 관리 이력이 쌓이면, 앞으로 6개월 후나 1년 후에 어느 정도의 월 매출을 올리려면 현재 파이프라인에 얼마의 매출 기회 금액이 들어 있어야 하는지 알 수 있게 된다. 이러한 데이터를 바탕으로 사전에 대비를 할 수 있게 되는 것이다. 파이프라인 입력 물량 대비 최종 달성 가능한 금액 지표는 간단한 공식으로 나타낼 수 있다.

최종 성공(S)＝단계 이동 속도(V)×성공률(W)

하지만 공식에 구애받지 말고, 각 회사가 자사 상황에 맞는 지표를 가지고 있으면 된다. 그에 따라 향후 6개월이나 1년 후, 목표 매출 금액을 달성하기 위해서는 파이프라인에 얼마 정도의 기회 금액이 있어야 여유가 있을지 판단해서 대비하면 된다.

파이프라인의 예상 매출 정확도는 단계가 높아질수록 정확해진다. 그래서 일반적인 단계별 예측 정확도는 다음 장의 표를 보면 알 수 있다. 다만 이 역시 단지 참고용 자료이며, 각 파이프라인을 시행하면서 나름의 데이터를 만들어 가면 된다. 또한 이 표를 바탕으로 예측한 향후 영업 예상과 각 사가 그동안 나름대로 해 오던 영업 예측을 통해 비교해 보는 지표로 사용할 수 있다. 각 스테이지를 넘어가는 이동 속도가 빠를수록 매출도 커진다는 사실도 알아둘 필요가 있을 것이다.

결론적으로 파이프라인의 규모가 클수록, 이동 속도가 빠를수록, 그리고 성공률이 높을수록 향후 매출도 커진다고 보면 된다.

• **파이프라인 모양 관리**

파이프라인 모양 관리표를 보면 어떤 부분에서 정체가 되거나

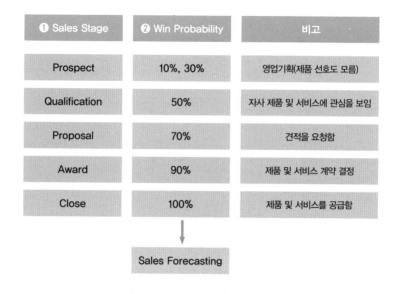

❶ Sales Stage	❷ Win Probability	비고
Prospect	10%, 30%	영업기획(제품 선호도 모름)
Qualification	50%	자사 제품 및 서비스에 관심을 보임
Proposal	70%	견적을 요청함
Award	90%	제품 및 서비스 계약 결정
Close	100%	제품 및 서비스를 공급함

Sales Forecasting

판매 가능성 예측표

문제가 발생하고 있는지 알 수 있다. 파이프라인의 가장 이상적인 모습은, Prospect 단계에서 Closing 단계로 갈수록 깔때기처럼 좁아지는 모양을 하는 것이다. 그렇다면 이와 다른 모양이 될때는 어떤 문제가 생길지는 오른쪽 표를 통해서 살펴보자.

파이프라인에 대한 개략적인 내용을 살펴봤으니, 전체적인 맥락에서 자사 도입의 필요성을 느끼거나 좀 더 상세한 내용을 알고 싶으면 시중에 나와 있는 관련 도서를 보거나 전문가의 도움을 받아 보길 권한다. 좀 더 상세한 이론을 살펴보고 싶다면 책이

3장 성공을 향해 딜하라

Shape	Issues	Review Points
◀	• 너무 적은 파이프라인 건수 • 영업 기회 입력에 대한 방어적인 자세	• 모든 가능한 영업 기회가 등록되고 있는가? • 영업 Lead 발굴이 정상적으로 이뤄지고 있는가? • 채널 파트너들과의 관계에 문제가 없는가?
▶◀	• 입력 이후 파이프라인 관리 부족 • 고객과 커뮤니케이션 부족	• 고객과 지속적인 미팅이 진행되고 있는가? • 고객에게 Value를 제공할 수 있는 차별화 포인트가 있는가?
◆	• 새로운 영업 기회 발굴 부족 • 초기 영업 기회 공유에 대한 두려움/방어적 자세	• 영업 사원이 오픈을 꺼려하는 영업 기회는 없는가? • 고객에게 니즈에 맞춰 Value를 선 제안할 수 있는 역량은 충분한가?
◀	• 거짓된 영업 기회 입력 가능성 • Buyers의 구매의도 및 구매역량 파악 부족	• 잘못된 정책이나 평가제도 때문에 영업 사원이 거짓된 영업 기회를 입력하고 있지 않은가? • 고객은 어떠한 Business Impact가 있기때문에 투자해야 하는가?
▶▶	• 파이프라인 단계에 대한 명확한 정의 부족 • 영업 사원들의 pipeline 단계 이해 부족	• 자사의 sales stage가 고객의 buying pattern과 다른것은 아닌가? • 자사는 명확한 sales stage 정의와 activity list를 가지고 있는가? • 영업 사원은 각각의 sales stage의 정의를 명확하게 이해하는가?

파이프라인 모양 관리표

도움이 되겠지만, 자사에 도입하고자 하는 경우에는 결국 IT 시스템이 필요하므로 전문가의 도움을 받는 편이 좋을 것이다.

2.
고객을 친구로
만드는 연금술

주력 관리가 필요한
핵심 고객 선정하기

'파레토 법칙'이라는 것이 있다. 다른 말로는 '80:20 법칙', 또는 '2:8 법칙'으로 불리기도 하는데 전체 결과의 80%가 전체 원인의 20%에 의해 일어나는 현상을 말한다. 이탈리아의 경제학자 빌프레도 파레토가 이탈리아 전체 부의 80%를 전체 인구

20%가 장악하고 있다고 발표한 데서 출발한 개념인데, 이를 품질 경영 컨설턴트인 조지프 주란이 경영학에 처음 도입하였다.

회사 경영의 관점에서 보면, 회사 매출이나 영업 이익의 80%를 가져다주는 핵심적인 고객은 전체 고객의 20%에 해당한다고 볼 수 있을 것이다. 물론 이 법칙이 모든 경우에 해당하는 것은 아니며, 그 비율도 반드시 80%와 20%라고 보기는 어렵다. 또 요즘에는 파레토 법칙에 반하는 '롱 테일Long Tail 법칙'도 많이 이야기되고 있다. 간단히 말하면 80%의 다수가 20%의 핵심적인 소수보다 더 큰 매출을 가져온다는 것이다.

모든 고객을 잘 케어하고 관리하면 좋겠지만, 회사의 인력이나 예산 등의 자원은 제한되어 있다. 따라서 회사가 특히 주력으로 관리해야 하는 고객군이 있을 것이다. 그렇다면 어떻게 이런 고객을 선정하고 이들과의 관계를 강화해 나가야 할까?

전반적인 순서를 살펴보면 먼저 어떻게 핵심 고객Key Account을 정할 것인지 정하고, 핵심 고객에 대한 특별 케어를 통해 자사가 기대하는 바가 무엇인지를 명확히 해야 한다. 그리고 이 결과로 얻어지는 성취는 어떻게 측정하고 평가할 것인지도 검토되어야 할 것이다. 그러지 않으면 일은 열심히 했더라도 그 결과로 자사가 무엇을 얻었는지 알기 어렵다. 이러한 과정에서는 고객과의 친밀도도 매우 중요한데, 고객과의 친밀도 향상을 단순히 영업 사원의 개인 역량에만 맡기는 것이 아니라 회사 차원의 프로세스를 통해 관리하는 것도 필요하다.

우선 누구를 핵심 고객으로 할 것인지 어떻게 결정할까? 파레토 법칙을 따라보자면 회사 매출이나 영업 이익의 80% 정도를 만들어 주는 20%의 고객을 파악해야 한다. 그중 자사의 관리 역량이 밀접하게 케어할 수 있는 고객을 선정하면 될 것이다. 여기에서 고려해야 할 것은, 반드시 매출과 영업 이익에 기여하지 않더라도 자사의 기술력 향상이나 평판을 올리는 데 도움이 되는 고객이나 당장은 발주량이 적지만 향후 큰 거래가 예상되는 고객도 핵심 고객으로 관리할 필요가 있다는 점이다.

내가 과거 회사에서 영업 초급 관리자로 일하던 때의 경험에 비추어 보면, 당시 대규모로 물량을 사가는 해외 바이어와의 거래에서는 대부분의 기업들이 마진이 아주 적었다. 때문에 많은 기업들이 국내 영업을 통해 필요한 수익을 얻고 있었던 것으로 기억한다. 물량은 많지만 마진은 매우 적고, 자칫 불량품이라도 많이 나오면 적자로까지 돌아설 수 있는 이 수출 사업을 왜 지속했을까? 돌이켜보면, 대량 매출에 의한 고정비의 배분과 부품 구매 협상력 강화, 그리고 무엇보다 까다로운 고객의 품질 수준을 맞추며 얻어지는 자사의 기술력 향상 등이 이유였을 것이다. 덤으로 생산 러닝 커브에 의한 원가 절감으로, 궁극적으로는 이익 창출에도 기여하는 면이 있었을 것이다.

3장 성공을 향해 딜하라

핵심 고객에 따른
맞춤형 전략 수립

일단 핵심 고객이 선정되면 고객이 가져다주는 매출이나 이익, 평판, 기술력 확보 등 각각의 고객별로 회사가 궁극적으로 기대하는 목표가 결정될 것이다. 그에 따른 전략을 수립하고 그 전략에 따른 구체적인 업무 진행 로드맵Road Map을 설정하며, 그것이 제대로 이행되고 있는지를 점검해야 한다.

그러면 전략과 구체적인 로드맵 수립 과정에서 필요한 내용을

1. 고객의 일반적인 정보 파악	• 일반적인 회사의 정보 및 보고서 유형, 중요 고객 연락처 정보, 고객의 비즈니스에 대한 적절한 대화법 및 코멘트
2. 고객 집중 파악	• 고객의 비즈니스 및 사업전략 파악, 중요한 정보 파악, 사무실 수, 위치, 고객의 다양한 사업 종류 등
3. 재무 정보	• 고객이 얼마나 잘하는지 뿐만 아니라, 우리 회사와 얼마만큼 거래를 하는 것이 적절한지 파악
4. 주요 인물 파악	• 주요 담당자, 이름, 직책, 직급, 역할 등을 파악, 가장 중요한 것은 누가 의사결정자인지 파악
5. 고객 관계	• 고객과의 관계에 대해 강점 및 약점을 기록, 경쟁사 담당자가 누구와 친밀한지에 대해서도 파악
6. 주요 목표	• 고객에 대한 정보를 토대로 목표 수립. 목표를 달성하기 위한 구체적인 전략 수립
7. 실행 계획	• 고객에 대한 상세 정보, 책임, 행동 계획 등을 포함한 계획 수립. '누가 무엇을 할 것인가?' 사전에 각 유관 부서 및 담당자들과 충분한 협의 필요

로드맵 수립 시 파악해야 할 기본 정보

살펴보자. 우선 전략의 수립 과정에서는 해당 고객에 대한 주요 정보를 모두 모아서 파악해야 한다. 기본적으로 파악해야 하는 정보는 앞선 표의 내용과 같다.

이 외에도 그 고객의 대응 전략을 짜기에 유용하다고 생각하는 자료들을 포함시키면 된다. 예를 들어 고객의 고객, 즉 고객의 비즈니스 정보도 유용한 대응 전략 중 하나가 될 것이다. 특히 개인적인 경험으로는 대개 해외 거래선과 처음 비즈니스를 할 경우가 해당된다. 이와 관련한 정보의 유용성은 거래 관계에서 고객이 기존에 구매하던 부품이나 제품 가격을 인하하거나 거래선의 다변화를 가져가기 위해서가 아니다. 지금 기획 중인 새로운 제품에 쓸 부품의 납품처를 찾고 있거나, 신제품을 소개하고자 할 때 고객의 비즈니스에 필요한 니즈를 알면 훨씬 더 좋은 제안을 할 수 있다.

미국에서 실리콘 밸리로 잘 알려진 산호세에서 법인장으로 근무할 때, 지역의 벤처 사업가이자 마케팅 전문가에게 들은 이야기가 있다. 바로 "고객에게 비타민을 팔지 말고 진통제를 팔아야 한다"는 것이었다. 몸에 좋은 비타민을 사라고 하면 사람들이 큰 관심을 보이지 않지만, 이가 아프거나 두통이 있다면 고통을 없애 줄 진통제에는 관심을 가진다. 성분 자체야 진통제보다는 비타민이 더 좋겠지만 당장 필요성을 따진다면 진통제가 훨씬 유용하게 느껴질 것이다.

즉 우리 제품이 경쟁사보다 가격이 조금 싸거나 품질이 좀 더 좋다고 어필하기보다는, 고객이 힘들어하는 문제를 해결할 수 있는 제품이나 서비스를 제안하라는 뜻이다. 그 고객이 지금 무슨 문제로 힘들어하는지 알고 그것을 해결하는 솔루션을 제공하면 훨씬 쉽게 거래가 연결될 수 있다. 또한 그렇게 되면 나중에는 진통제 아닌 비타민(경쟁사 대비 약간 나은 제품)도 쉽게 거래를 할 수 있다는 것이다.

마찬가지로 고객의 고객이 무엇을 요구하고 있는지 알게 되면 우리 고객의 니즈를 파악할 수 있는 경우가 많다. 또한 고객 친밀도 강화Customer Intimacy를 위한 전략을 구상할 때도, 고객의 고객과 자사 혹은 자사의 구성원이 좋은 관계를 유지하고 있으면 많은 도움이 된다.

다음 장에 있는 표는 이를 바탕으로 한 거래선 관리 장표 예시다. 관리 장표에 당사 전략과 목표, 그리고 현재 영업 진행 현황을 바탕으로 실행 계획을 세운 뒤 그 실행 계획을 누가 어떻게 수행할지도 구체화하여 점검해 나가면 된다.

우선 고객과의 정기적 만남을 위해서 매달 실무진에서 경영진까지 정기적인 회의체를 가지고 상호 비즈니스 진행 상황 점검과 회의 후 회식 등으로 친목을 다지는 것도 좋다. 월간 단위로 하는 정규적 회의체 MBR Monthly Business Review에는 실무진과 중간 관리자가 같이 참석하고, 분기 단위로 하는 QBR Quarterly Busi-

일반정보	
파이프라인	Proposal 단계
업체명 및 주소	G**社 **** **** *****
산업군/Item	전자/전자부품
거래처 매출액	USD 26,000,000 / 年
당사 제품군 총 구매량	USD 5,000,000 / 年
당사 예상 매출액	USD 1,200,000 / 年
비딩 일정	4월
주요 경쟁사	C사, D사
기타 정보 사항	Z**社의 수입대행 진행 중 주요인사: Power Map 참고 신용등급: G Grade 거래은행: **은행, **은행

G사 사업 전략**

- 그동안 유럽 부품 업체에서 구매해 오던 주요부품을 품질이 보증되면서도 가격 경쟁력을 가진 업체를 개발하여 G**사의 고객인 H사, K사 등에 사업 확대를 원함

당사 전략 및 목표

- 현재 L사 및 S사에 납품 중인 a제품을 일부 스펙 변경하여 G**사의 요구 사양에 대응
- 1차 a제품으로 진입하여 b, c, d제품군으로 사업 확대, Market Share 50% 목표

영업 진행 현황 및 실행 계획

- G**社와 한국 프로젝트에 대해 컨퍼런스 진행 완료
- a제품 가격 견적 제출 완료
- G**社 SCM 아시아 대표가 4월 한국 방문 예정
- 한국 방문 시 G**社 SCM 아시아 대표와 미팅 후 당사 부산 공장 방문 예정 등 기회를 통해 G**사 아시아 본부와도 긴밀한 관계 유지

거래선 관리 장표

ness Review에는 경영진과 중간 관리자가 함께하는 것이 좋다. 최고 경영진이 매 분기마다 함께하기가 번거롭더라도, 최고 경영진은 반기에 한 번 또는 일 년에 한 번이라도 참석하도록 한다. 그래서 업무 진행 상황도 파악하고 회식 자리도 같이 갖는 것을

자사와 고객사의 관계도

권한다. 이렇게 해서 주요 전략 고객에 대해서는 각각의 레벨에서 업무적으로 챙겨 주어야 할 일을 파악하고, 상호 관계도 밀접하게 해야 한다.

고객을 친구로 만드는
연금술 십계명

그렇다면 고객과의 친밀도는 어떻게 높여 나가야 할까. 회사를 퇴임하고 대학교에서 산학협력 교수로 재직하던 시절, 어느 기관의 부탁으로 강의를 한 적이 있다. 그때 요청받은 강의 주제가 '고객을 친구로 만드는 연금술'이었다. 아마 전 직장에 재직할 때 고객들, 특히 해외 고객들과의 관계가 좋았다는 이야기를 듣고 그런 강의를 요청한 듯했다.

나중에 개인적으로 갤럽Gallup에서 시행하는 강점 코칭 교육을 받았을 때도, 나의 대표 강점 테마 중 하나가 '절친' 테마였던 걸 생각하면 다른 사람과 친화적인 관계를 만드는 것에 타고난 자질이 있던 것 같기도 하다. 갤럽에서 정의하는 강점 중 절친 테마의 특징은 다음과 같다.

"당신은 다른 사람들과 친밀한 관계를 맺는 것을 좋아합니다. 당신은 친밀한 사람들과 함께 목표를 향해 열심히 일하는 데에서 깊은 만족감을 얻습니다."

성향적으로 타고나서 자연히 잘할 수 있는 사람도 있지만 영업, 연구 개발, 회사 경영 등 각종 분야에서 누구나 필요한 지식을 알고 프로세스에 의해서 훈련하면 역량을 강화해 나갈 수 있다. '협상'에 관련된 강의를 할 때도 항상 도입부에서 했던 이야기가 있다. "싸움도 타고나서 잘하는 사람들이 있지만, 그렇지 않은 사람도 무술 지도를 꾸준히 받고 훈련하면 싸움꾼이 아니라 뛰어난 무술인이 될 수 있다"고 말이다. 협상도 마찬가지다.

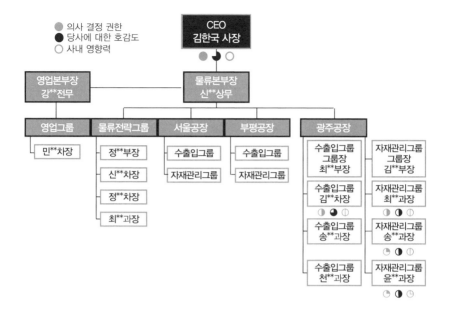

파워 맵

　우선 프로세스에 따라 고객과의 친밀도를 올릴 수 있는 전략부터 살펴보자. 대개 회사는 조직도를 가지고 있다. 이 조직도를 참고할 수 있으면, 사내 주요 의사 결정에 영향력을 가지고 있는 인물들을 한눈에 볼 수 있을 것이다. 더불어 자사에 대한 호감도, 자사 상품이나 서비스를 구매하도록 정하는 영향력 등을 파워 맵Power Map으로 그려본 뒤, 이를 신호등 관리 방법을 적용해 살펴볼 수 있다. 위 그림은 가상의 회사에 대하여 신호등 방식을

용한 파워 맵을 그려본 것이다.

그러면 이제 이 파워 맵을 보고 자사가 좋은 관계를 가져가야 할 인물에 대한 자료를 모아 정리해 본다. 그 인물과 어떻게 친화적인 관계를 발전시킬지 구체화한 관리 장표를 만들고, 이에 대한 실행을 점검해 나가면 된다. 다음 관리 장표 예시를 볼 수 있다.

실제로 업무를 해 보면 관계 개선 액션 플랜Action Plan을 만들었다고 해도, 그대로 정확히 시행되는 경우는 많지 않다. 주기적인 점검을 통해 변경된 계획을 새로 적용하며 관리해 나가면 된다. 이러한 관리 장표를 바탕으로 실질적인 관리를 하는 조직과 그렇지 않은 조직 간의 차이는 점점 더 벌어질 것이다. 관리 장표가 없으면 상위 관리자는 영업 사원 혹은 영업 부서장의 개인적인 역량에 의존할 수밖에 없고, 또한 접대비 등의 비용도 언제 어떤 목적으로 쓰이는지 알 수 없다. 고객 관계 개선에 나선 영업 직원들 스스로도 특별한 전략이나 액션 플랜이 없다면 즉흥적인 발상에 의해서 행동하기가 쉬울 것이다.

물론 관리 장표에 의한 전략과 액션 플랜이 있다고 해도, 실제로 고객과 만나 대면하는 상황에서 친밀도를 올리는 것은 결국 개인 역량이 크게 좌우하는 것은 사실이다. 도움이 되길 바라는 마음으로, 앞서 언급한 '고객을 친구로 만드는 연금술' 강의 내용의 일부인 십계명을 간략히 소개한다.

성명/직위	신** 상무		연락처	****
소속/직책	수출입 및 물류사업부/본부장		E-mail	****
영향력	◔ 의사결정권한 ◑ 당사에 대한 호감도 ◔ 사내 영향력			
학력	신동중 졸업, 명덕고 졸업, 서울대 경영학과 졸업			
경력	P**전자 20년 이상 근무, 물류 및 구매 총괄			
당사미팅내역	W&D 및 수입하물 O/S 계약 관련 주요 업무 미팅			
Remark	정년퇴임 2년 남음. 주량: 술 전혀 안함. 취미: 등산, 재테크, 찬양듣기 온화한 성격이나 회의 시 카리스마 있는 성향			

구분	8월	9월	10월	11월	12월
관계 개선 활동	정기 방문 (8/16, 석식)	정기 방문 (3기 Bidding 협의, 석식: 9/13, 9/26)	정기 방문 (10/18, 석식 (북경))	정기 방문 (2주차, Green Meeting 예정)	정기 방문
목표 호감도	◑	◔	◑	◔	◕

관리 장표

• 1계명 : 진정성

모든 일에 진정성을 가지고 행하라.

진정성이란 단순히 고객에게 솔직한 것과는 조금 차원이 다른 문제다. 하버드 비즈니스 스쿨의 스캇 스눅 교수는 진정성 리더십Authentic Leadership에 대해서 이렇게 말했다.

"남에게 완벽한 모습을 보이고 남을 이끄는 영웅이 되려고 하기보다는 자아를 성찰하고 자신의 생각과 감정을 공유함으로써 다른 사람들과 밀접한 관계를 형성하는 것이 중요하다."

리더십이라는 말이 고객과의 관계를 강화시키려는 입장에서는 조금 엉뚱할 수 있지만, 내용을 들여다보면 진정성 리더십을 진정성 대인관계Authentic Social Interaction로 바꾸어 봐도 무방하다. 우리에게 익숙한 표현으로는 겉과 속이 같은 사람으로 상대를 대해야 한다고도 할 수 있겠다.

- **2계명: 역지사지**

《맹자》의 〈이루〉 편에 나오는 "역지즉개연易地則皆然"이라는 말에서 유래한 역지사지는 "상대방의 입장에서 생각해 보라"는 뜻이다. 〈이루〉 편에 나오는 또 다른 설명은 "남을 예우해도 그 사람이 나에게 행하는 예우가 없으면 나의 공경하는 태도를 돌아보고, 남을 사랑해도 친해지지 않으면 자신의 인자함을 돌아보며, 남을 다스려도 다스려지지 않으면 자기의 지혜를 돌아보라"는 것이다.

국내 반도체 회사의 해외 영업 마케팅 총괄 부장으로 근무하던 때 이와 관련된 일화가 하나 있다. 당시 국내에서 컴퓨터 등에 들어가는 DRAM 메모리를 만드는 회사는 S전자, H전자, 그리고 내가 다니던 L반도체까지 3사가 있었다. IBM, DELL, SUN MICRO, HP, COMPAQ 등 굴지의 미국 PC나 Workstation 업체들에서 바이어가 오면 3사에서 언제나 만나러 가곤 했는데, 당시 해외 바이어 접대 방식이 천편일률적이었다. 식사 때는 갈비를 대접하고, 저녁에는 술자리를 마련하여 폭탄주 공세를 벌이는 식이었다. 당시 나는 미국 주재원 생활을 6년 정도 하고 온

터라 이런 방식이 미국의 문화와는 잘 맞지 않는다는 의아함이 있었다. 하지만 영업 선배들이 쭉 그렇게 해 왔고, 바이어 중에는 그러한 이국 문화를 즐기는 경우도 없지 않은 듯했다.

그래서 나 역시 늘 그렇게 고객 접대를 해 왔는데, 하루는 고객과 아침부터 미팅을 하는데 전날 숙취가 있다며 미팅 도중에 구토를 하러 화장실에 다녀올 만큼 상태가 아주 안 좋아 보였다. 마침 미국인들이 속이 안 좋을 때 즐겨 먹는 '알카셀츠'라는 소화제 겸 위장약을 구비하고 있던 게 있어서, 이걸 건네면서 일단 미팅을 중단했다. 그리고 마사지를 받고 호텔에서 푹 쉬다가 컨디션이 회복되면 식사와 함께 상담을 계속하자고 제안했다.

식사 장소를 생각하다가 문득 내 해외 출장 경험이 떠올랐다. 나도 출장을 가면 현지 음식과 문화를 즐기는 편이었지만, 그래도 며칠이 지나면 김치찌개나 된장찌개 같은 한식이 그리워지곤 했다. 그래서 강남의 인터콘티넨탈 호텔 최고층에 있는 '바론'이라는 프랑스 식당을 저녁 장소로 예약했다. 상담 시에 검토할 자료는 미리 호텔 룸으로 전달했다. 다행히 저녁쯤 컨디션을 회복한 바이어와 식당에서 만났고, 반주로는 미국 나파밸리의 고급 와인을 간단히 곁들였다. 상담은 일사천리로 진행되었고, 마무리될 즈음 2차 술자리는 생략하겠다고 뜻을 밝혔다. 대신 바쁜 일정 때문에 가족들 선물 살 시간도 없었을 터라, 상대 측 회사 윤리 규정에 어긋나지 않는 범위에서 가족과 비서에게 줄 선물을 임의로 준비했다며 전달해 주었다.

임의로 준비했다고는 했지만, 사실 미국 현지 법인에 연락해서 고객의 자녀 연령대 등을 비서와의 통화로 미리 알아볼 수 있었다. 고객은 대만족했고, 본사로 돌아가서도 L반도체 칭찬을 계속했다는 사실을 실리콘 밸리의 다른 거래선으로부터 듣게 되었다. 비용을 따진 것은 아니었지만 비용 측면에서도 2차 술값이 절약되어 훨씬 적게 들었는데도, 고객 만족도는 훨씬 높았다. 그래서 이후로도 고객에 따라, 그리고 그 고객의 당사와의 미팅 전 일정이 어떠했는지에 따라 이런 방법을 많이 활용했다.

비슷한 경험이 또 있다. 대만의 거래선이 월말 경에 갑자기 방문했는데, 하필 접대비 예산이 바닥나고 당시 회사 규정으로 월 접대비를 당겨 쓸 수도 없어 난감한 상황이 되었다. 물론 사후에 복잡한 행정 절차를 밟으면 전혀 처리가 안 되는 것은 아니었지만, 그건 내키지 않아서 고민에 빠졌다. 대만과 중국, 홍콩 등으로 출장 갔던 경험을 떠올려 보니 중국 쪽에서는 돼지고기를 즐겨 먹었다는 게 떠올랐다. 그래서 상담을 하며 그동안 너무 정해져 있는 메뉴로만 대접을 해 온 것 같으니 오늘은 좀 캐주얼하게 한식을 즐기면 어떻겠느냐 제안을 했고, 저녁 식사로 양념 돼지 갈비 집으로 안내했다. 그러자 상대방도 너무 좋아하면서 왜 진작 이런 곳을 소개해 주지 않았냐며 반겼던 기억이 있다. 이후로는 더더욱 늘 고객의 입장에서 생각하고 의사를 물어보며 식당을 선정했다.

이렇게 내 입장에서 가장 좋은 것이라 해도 상대방 입장에서는 다를 수도 있다는 점을 염두에 두고, 상대방의 입장에서 다시 한번 고민해 보는 과정이 대인 관계는 물론 고객과의 관계에서도 항상 필요하다.

• 3계명 : 비타민보다 진통제를 준비하라

역지사지와 유사한 개념일 수 있는데, 고객이 가지고 있는 고민거리를 해결할 수 있는 솔루션을 제공하면 훨씬 인상 깊은 거래 관계를 만들 수 있다. 이와 관련하여 내가 경험했던 2가지 사례를 소개한다.

한번은 L상사에서 컴퓨터과 과장으로 재직할 때의 일이다. 신생 PC 회사였던 Compaq의 구매 및 생산, 영업 담당인 부사장 일행과 반도체 회사인 TI Texas Instrument의 구매 담당 임원이 동시에 한국에 방문하여 미팅을 가지게 되었다. 이동식 포터블 컴퓨터로 인기를 끌고 있던 Compaq은 TI의 엔지니어였던 로드 캐니언, 짐 해리스, 빌 무르토 등 3인이 독립해서 만든 회사였다. 자신들의 아이디어가 회사에 잘 받아들여지지 않자 독립해서 창업을 한 것이다.

그 무렵 PC 시장은 IBM과 애플이 한창 경쟁을 하고 있었다. IBM은 호환성 소프트웨어의 많은 개발을 위해서 IBM Colon이라고 통칭되었던 IBM 유사제품 복제 시장을 허용했고, 반면 애플은 철저하게 통제하는 상황이었다. 그 가운데서 TI는 자존심을 가지고 애플과 같은 독자적인 PC를 개발하려고 하였다.

그런데 3인의 Compaq 창업자들은 후발 주자로서 아무리 뛰어난 자체 운영체제Operating System를 개발하더라도, 최종 사용자가 활용할 만한 좋은 소프트웨어 프로그램을 자사가 모두 개발할 수는 없다고 생각했다. 그래서 IBM Colon 형태로 가되 IBM을 뛰어넘는 우수한 성능의 PC를 개발해야 한다고 주장했고, 그 일환으로 손에 들고 이동 가능한 포터블Portable PC 개발을 제안했다.

이와 유사하게 알고 가면 좋을 만한 사례가 있다. 지금은 사라졌지만 과거 소니와 마쓰시타가 VTRVideo Tape Recorder 시장을 두고 경쟁할 때, 두 회사의 주력 전략은 서로 달랐다. 소니는 작은 사이즈의 테이프 사용이 가능한 베타막스라는 제품을 통해 뛰어난 기술력을 보였고, 특허를 내어 유사품이나 복제품이 나올 수 없도록 했다. 반면 마쓰시타의 VHS 방식 제품은 특허를 오픈하여 많은 유사 제품을 만들 수 있도록, 즉 동맹군Alliance을 늘리는 쪽으로 환경을 조성했다. 여기에서 관건이 된 것은 영화 등의 콘텐츠를 제작하는 제작사 측면에서는 하드웨어 기기가 많은 쪽을 선호하게 된다는 것이었다. 당연히 VHS 타입의 콘텐츠가 더 많이 만들어졌고, 결과적으로 더 작고 성능이 좋은 하드웨어 기기를 가지고 있던 소니를 제치고 VHS 타입이 시장에서 승리를 거두게 되었다.

이를 고려했을지는 모르지만, IBM은 특허를 공개하는 방식을 택해 IBM의 운영체제os를 만든 마이크로소프트도 대박이 난 셈이라고 본다. 그러나 특허를 공개하지 않았던 애플은 모바일 폰이 주력 사업이 되었지만 PC 사업도 매니아층을 중심으로 굳건히 살아 있고, IBM은 Colon PC들과의 경쟁에 밀려 PC 사업 부분을 중국 레노버사에 매각했다. 즉 모든 전략이 모든 상황에 맞게 일관되게 적용되는 것은 아니다. 어쨌든 이러한 배경을 알면 당시 Compaq사의 전략을 이해하는 데 도움이 될 것이다.

Compaq사의 창업자들은 TI에 재직할 당시, TI가 우수한 반도체를 바탕으로 뛰어난 하드웨어를 만든다 해도 이를 뒷받침할 응용 소프트웨어 개발이 충분하지 않으면 상용화에 큰 의미가 없다고 생각했던 것 같다. 그래서 IBM Colon 형태의 PC로 가되, IBM PC와는 확실한 차별화를 갖기 위해 한 손으로 들고 다닐 수 있는 형태의 이동식 포터블 PC의 개발을 주장했던 것이다. 당시에는 아직 노트북 형태의 PC가 개발될 만큼의 기술이 없었기 때문에, 그들이 생각하는 최선의 개발 방식이었던 셈이다. 하지만 이는 TI에 받아들여지지 않았다.

그 시기에 사무 환경에 PC가 막 도입되기 시작하면서, 사무직 노동자 즉 화이트 컬러의 엄청난 생산성을 가져왔다. 많은 사람이 사무실에서 PC로 일하다가 퇴근 후에도 PC 본체와 모니터, 키보드 등을 차에 싣고 가서 집에서 일을 계속하곤 했다. 그래서 Compaq의 창업자들이 생각한 게 7~9인치의 작은 모니터를 PC 본체에 붙이고 키보드를 뚜껑처럼 만들어 손으로 들고 다닐 수 있는 IBM Colon 형태의 PC였다.

그들이 TI를 떠나 창업을 한 뒤, 해상도가 좋은 소형 모니터를 찾으러 한국을 방문했는데 공교롭게 그때 TI 구매 담당자도 한국을 방문했던 것이다. 당시 TI 구매 담당자 방문이 우연의 일치였는지 어떤지 모르지만, 어쨌든 TI 입장에서는 거래처가 Compaq사 일원을 만나는 것을 탐탁지 않게 생각했던 것은 분명한 것 같다. 그래서 Compaq의 사절단 일행은 국내 S전자나 L전자 등의 기업들과는 아예 미팅을 하지 못했고, 종합상사인 L상사와 연결되어 내가 상담을 맡게 되었다.

Compaq사의 요구는 일반 소형 모니터가 아닌 듀얼 스캔 방식의 모니터였다. 텍스트 모드와 그래픽 모드의 스캔 방식이 달라서 그 당시에는 혁신적인 형태의 기술을 요하는 것이었다. 창업 초기 벤처 회사였던 Compaq사로서는 많은 벤처 투자자들에게 지원을 받기 위해 빠른 개발과 생산이 필요했다. 따라서 모니터를 생산할 수 있는 업체를 찾아 빠르게 생산하고 납품하면 되는 것이었지만 그런 설계를 할 수 있는 능력이 국내에는 없는 상황이었다. 계열사였던 L전자가 Compaq사와 상담도 할 수 없었던 상황이라. 국내의 한국전자 KEC라는 회사를 제조 업체로 정하고 모니터 개발 책임자와 이야기해 봤지만 Compaq사에서 원하는 기간까지는 도저히 납품이 불가능하다는 답변을 받았다.

이 상황에서 최대한 기간을 단축해서 제안하는 것이 비타민이라면, 그들이 원하는 기간 내에 개발해서 납품하는 것이 진통제였다. 그래서 이번에는 Compaq사 엔지니어와 그 당시 L상사에서 미국 세일즈 랩(다른 회사를 대신해서 영업 활동을 해 주는 사람)으로 활용했던 인사와 협의를 진행했다. 한국전자의 기존 모니터를 주고, 이를 바탕으로 Compaq사가 원하는 모델을 개발해 줄 수 있는 엔지니어를 구하여 그 사람이 한국전자로 와서 함께 설계를 하기로 했다. 한국에서 설계하기로 한 이유는, 설계 시 필요한 부품 조달이나 시제품 제작을 공장에서 같이 하면 아무래도 빠를 것이기도 하고, 또 미국 엔지니어가 실패하더라도 한국전자에서 계속 이어서 설계할 수 있을 것이기 때문이었다.

이제 남은 건 그러한 사람을 찾는 것과 용역에 대항 보상 문제였다. 결국 약간 괴짜인 천재 엔지니어를 찾았고, 구미에서 한국전자와 공동 설계하여 기간 내 납품에 성공했다. 이로 인해 Compaq사가 급성장하는 동안 독점으로 모니터를 공급할 수 있게 되었다.

두 번째 사례는 미국에서 모바일 핸드폰 시장을 개척할 때의 일이다. 1990년대 후반에서 2000년대 초반의 미국 시장은 CDMA 진영과 GSM 진영으로 나뉘어 있었다. CDMA의 진영은 Verizon이 1위, Sprint가 2위를 하고 있었고 GSM 진영은 AT&T가 1위, T-Mobile이 2위였다. 그 당시 국내 시장은 CDMA 방식이었기 때문에 아직 L전자에는 GSM폰이 없었고, CDMA폰만 만들고 있는 상황이었다. 그리고 이후 초콜릿폰이라는 모델이 나오면서 CDMA와 GSM 양대 산맥에서 L사의 모바일 핸드폰이 세계적으로 인기를 끌었다.

나는 실리콘 밸리에서 법인장을 하며 북 중남미 반도체 영업, 마케팅 총괄을 하다가 L그룹의 반도체 회사가 IMF를 겪으면서 H전자에 인수합병이 되었고, 커뮤니케이션 밸리라고 하는 샌디에이고로 넘어가 L전자 이동통신 부문 법인장을 맡게 됐다. 그리고 그곳에서 미국 모바일 핸드폰 시장 개척을 위하여 고군분투하고 있었다. 북미 시장의 모바일 핸드폰은 캐리어라는 이동통신사 매장에서 소비자들이 통신 계약 약정을 하며 핸드폰을 선정하는 경우가 대부분이었다. 그래서 소비자 이전에 캐리어가 먼저 핸드폰을 구매했고, 이때 핸드폰에 보조금을 걸어 주면 소비자는 통신 계약 약정을 하는 대신 핸드폰을 무료로 지급받거나 아니면 일부 요금만 내고 가져갈 수 있었다.

그래서 그 통신사의 정규 구매 라인업에 들어가는 것이 매우 중요한 일이었다. 미국 시장 공략 초기에 Verizon이나 Sprint 같은 이동통신 사업자와 거래를 만들기 위해 우리 회사에서 최신 기술로 제작한 샘플을 가져가면, 이미 모토로라나 노키아처럼 당시 앞서 가던 회사들의 유사한 핸드폰들이 라인업되어 있었다. 그래서 우리 것은 Pre-Paid Phone이라고 하는 저가 사양의 핸드폰을 소량 구매해 주었는데, 그나마도 초기 발주 예상 물량에 비해 실제 구매 물량은 현저히 낮았다. 모바일 핸드폰의 통화 요금 결제 방식은 대부분 월 단위로 신용에 의한 후불제 방식이지만, 신용도가 극히 낮은 사람들은 선불로 얼마의 금액을 내고 그 금액이 떨어지면 다시 입금시켜 사용하는 방식을 썼다. 이에 필요한 핸드폰의 사양도 아주 기본적인 수준이었고 당연히 아주 낮은 가격을 요구했었다.

이런 상황을 타개하기 위해서 우리가 한발 앞선 사양의 핸드폰을 만들어 이동통신 사업자들에게 제시할 수밖에 없었는데, 당시 회사의 기술 역량으로는 쉽지 않았다. 한창 고민하던 중에 이들이 한국 본사의 디자인 센터를 방문했을 때 미래 콘셉트의 핸드폰으로 디자인한 그림이나 목업을 보고 아주 좋아했던 기억이 났다. 우선 본사의 해당 거래선 디자인 팀을 미국에서 대학을 졸업해 영어가 유창하고 세련된 팀으로 구성했다. 2류 업체라는 이미지를 없애기 위해서였다. 그리고 상품 기획팀과 함께 미국 통신 사업자를 만나 구매 담당자뿐 아니라 영업, 기획, R&D 인원들이 보는 앞에서 콘셉트 핸드폰 제품 전시와 상담을 진행해 그 핸드폰을 독점으로 공급하고 아직 콘셉트 핸드폰 단계이니 필요하면 공동 개발을 하자는 제안을 하고자 했다.

이동통신 사업자에게 진통제가 필요한 아픈 곳Pain Point을 생각해보니, Sprint와 같은 2위 업체는 항상 신제품 라인업이 한발 늦었다. 모토로라나 노키아 같은 업체가 1위 업체인 Verizon에 납품하려면 6개월 우선 공급 요구를 들어주어야 하기 때문이다. 그래서 처음에는 오직 Sprint만 공략하기로 했다. 결과는 대성공이었다. Sprint에 주류 핸드폰 공급자로 자리매김할 수 있었고, 이를 통해 당사를 재평가한 Verizon에도 공동 광고 재정 지원을 하면서 주류 공급자로 자리 잡게 되었다.

• 4계명 : Power Map과 Intimacy Action Plan을 만들어라

앞서 언급한 내용이기 때문에 여기에서는 설명을 생략한다. 다만 다시 한번 강조하고 싶은 것은, 고객과 친근한 관계를 갖는 것도 구체적인 목표와 실행 계획을 가지고 행해야 한다는 것이다.

• 5계명 : 협상 맵을 준비하라

고객과 친분을 유지하는 것만으로 사업을 영위할 수는 없다. 고객과는 친분 관계와 별개로 새로운 입찰 등으로 늘 상담이 지속되기 마련이다. 이럴 때 필요한 것이 상담 능력, 또는 협상 능력이다.

이 주제만으로 대학에서 3시간씩 15주차 강의를 한 적도 있다. 중간에 시험을 치른 기간을 빼면 총 39시간의 강의를 한 셈이다. 그만큼 내용이 방대하고 중요하지만, 여기에서는 전체 흐름을 보는 것이므로 협상 맵과 그에 관련한 내용을 간단히 소개하려고 한다.

직장 동료들과 오늘 점심은 무엇을 먹을까 얘기한다면 여러 가지 다른 대답이 나올 것이다. 이때 최종적으로 한 곳을 결정해 점심을 먹으러 가는 것도 일종의 협상으로 볼 수 있다. 물론 동료들과 점심 한 끼를 먹을 식당을 정하는 건 가벼운 마음으로, 또 어느 정도 양보도 하면서 정할 수 있는 일이지만 기업의 손익이 달려 있는 비즈니스 상담의 경우는 그렇게 쉽게 진행하거나 의사 결정을 할 수는 없을 것이다.

흔히들 Win-Win 전략을 구사해야 한다고 하지만 그게 말처럼 쉽지는 않다. 물론 Win-Win이 가능한 경우도 있지만 대부분은 어느 하나가 Win이라면 어느 하나는 Lose가 된다. 특히 힘의 균형에 따라 소위 '을'의 위치에 있다면 Lose의 경우가 많을 수 있다. 이럴 때 새로운 옵션을 만들어 Win-Win을 만들거나 최소한 작은 Lose를 얻게 하는 방법을 찾아야 할 것이다. 또한 '갑'의 입장에서도 일방적으로 밀어붙여 '을'이 너무 억울하게 생각되는 상담이나 계약을 진행하면, 언젠가 상황이 바뀌어 대가를 치를 수도 있다.

구분	우리측		상대방		
	내용	R&D	내용	R&D	참조 Page
협상 의제					
요구					
욕구					
창의적 대안					
다른 욕구 (가치)					
객관적 기준					
협상 결렬 시 대안					

협상 맵

상담학에서 많은 사례로 언급되고 있는 미국의 남북전쟁 협상이나 독일과 연합국의 세계 제1차대전 종전 협정도 이를 잘 보여 준다. 남북전쟁에서 승리한 그랜트 장군이 남군의 리 장군에게 요구한 종전 조건은 항복과 무기 반납뿐이었고, 이에 따라 남군의 안전한 귀가를 보장하고 필요한 경비와 교통수단을 지원했다. 반면 세계 제1차대전에서 승리한 연합국이 제시한 조건은 군 해체 수준의 군비 축소와 가혹한 배상금이었다. 그 결과 민주적 정부를 누르고 독일의 부흥과 명예 회복을 주장하는 히틀러의 나치 정권이 들어서며, 결국 세계 제2차대전까지 이어지고

3장 성공을 향해 딜하라

말았다. 이처럼 아무리 내가 갑의 위치에서 Win의 협상 결과를 얻는다고 해도, 동시에 을을 배려하고 씁쓸한 뒷맛을 남기지 않는 것도 고려해야 할 것이다.

모든 상담에 적용할 수는 없더라도, 중요한 상담을 할 때는 협상 맵을 항상 준비하는 것이 좋다. 이때 각각의 항목에 대해 왜 그렇게 생각하는지에 대한 이유와 근거 자료, 즉 Rational과 Date(R&D)를 준비해야 한다. 그리고 협상 후에 다시 복기해보면, 처음 가정했던 것과 무엇이 달랐는지 확인하고 같은 실수를 반복하지 않기 위한 해결책도 생각해 볼 수 있다. 또한 각각의 항목에 대해 상대방은 어떻게 생각할지도 마찬가지로 같이 검토하고 협상 후에 복기해 본다. 이를 반복하다 보면 협상 능력도 몰라보게 향상될 것이다.

그렇다면 협상 맵의 항목을 하나씩 구체적으로 들여다보자.

협상 의제 Agenda 협상 테이블에서 다루려고 하는 주제가 무엇인지를 먼저 분명하게 해야 한다. 복수의 의제가 있는 상황이라면 그 하나하나에 대한 협상 맵을 따로 준비하는 것이 좋다.

요구 Require 고객이 표면적으로 요구하는 사항을 말하는데, 이는 다음 항목인 욕구와 항상 같이 생각해야 한다. 예를 들어 어느 무더운 여름날 동네 편의점에 손님이 와서 시원한 콜라를 찾는다고 생각해보자. 그런데 마침 그 편의점에 콜라가 품절이었다면 어떨까. 그 손님의 요구는 콜라였지만, 욕구를 들여다보면 반드시 콜라가 아니더라도 뭔가 시원한 청량 음료를 마시고 싶은 것일 수 있다. 그렇다면 콜라 대신 시원한 사이다나 탄산 음료를 권할 수 있고, 이것이 이후에 나오는 창의적 대안이 되는 것이다. 고객이 그것을 받아들이면 딜Deal이 성사된다.

욕구 Desire 고객이 표면적으로 요구하는 것의 이면에 진정으로 원하는 것은 무엇일지 생각해보는 것이다. 종종 고객과의 상담에서 고객이 입으로 이야기하는 요구Require에 집중하다 보면, 실질적으로 원하는 핵심 요소가 담긴 욕구Desire를 소홀하게 생각하기 쉽다. 상담 전에 협상 맵을 만들 때부터 상담이 끝나고 나서도, 고객의 요구와 욕구의 차이는 없었는지 반드시 점검해 볼 필요가 있다.

창의적 대안 Creative Option 고객의 요구를 당장 맞춰줄 수 없더라도 고객의 욕구를 잘 생각해 보고 제3의 창의적인 제안을 하는 것이다. 앞서 언급한 것처럼 콜라 대신 시원한 청량음료를 제안하는 것과 같은 경우다. 카터 대통령 재임 시절 이루어진 이스라엘과 이집트 간의 평화 협정은 창의적이라고 하기에는 조금 모호하지만, 실제 역사 사례다.

이집트는 나세르 대통령 시절 벌어진 6일 전쟁 후 이스라엘에 빼앗긴 시나이반도의 영토 반환을 원했고 이스라엘은 이집트의 침공에 대비한 자국의 확실한 안전 보장이 주된 이슈였다. 양측의 주장이 완강한 상황에서 특히나 이집트는 국가의 손상된 체면 회복을 위해 일전도 불사하겠다고 선언했고, 이스라엘 역시 반환은 절대 불가하며 전쟁도 수용하겠다는 입장이었다.

미국 측에서 제시한 중재안이 시나이반도 영토는 이집트에 반환하되, 그곳에 이집트 군대가 아닌 유엔 평화유지군이 주둔하도록 하자는 안이었다. 그러면 만약 이집트가 이스라엘을 공격할 경우 유엔 평화유지군을 넘어 가야 하는 상황이 된다. 따라서 양측의 원래 요구가 아닌 욕구 측면에서 보면, 영토 반환에 따른 이집트의 체면은 살려 주는 동시에 이스라엘은 유엔 평화유지군의 주둔을 통해 안전 보장에 대한 실리도 챙길 수 있었다.

사례를 또 하나 소개하자면, 내가 미국에서 모바일 핸드폰 영업을 하던 때의 일이다. 당시 1위를 달리고 있는 사업자인 Verizon사 쪽에 영업 규모를 키워 가고 있었다. 아직 3G 핸드폰이 나오기 전이라 전 세계 시장은 기술적으로 CDMA와 GSM으로 진영이 나뉘어 있었다. CDMA 진영에서는 Verizon이 1위, GSM 진영에서는 AT&T가 1위 사업자였다. 모바일 핸드폰 시장은 컬러 LCD 핸드폰에 이어서 카메라가 장착된 핸드폰이 막 출시되려고 했다.

Verizon의 영업 담당 부사장은 GSM 진영에 앞서기 위해 하루라도 빨리 카메라가 달린 핸드폰을 출시하고 싶어 했다. 당시 우리 회사가 완성도 측면에서 가장 앞서 있었고 디자인도 예뻤기에, 이 핸드폰을 빨리 출시하기로 마음을 먹었다. 그러나 우선 기술 부서의 성능 인증 검사를 통과해야 했다. 이때 이 인증 검사를 빨리 통과하지 않으면 나중에 인증 샘플 핸드폰을 제출한 업체가 먼저 인증하여 통신 사업자의 보조금이 걸린 주력 핸드폰으로 선정될 수도 있었다.

영업 부사장은 당사 핸드폰이 디자인적으로 뛰어나고, 본인이 직접 그 핸드폰을 사용하여 소비자 입장에서 성능 테스트를 해 보았을 때도 별 이상이 없으니 서둘러 출시하고 싶어 했다. 하지만 기술 부서의 심층 분석 테스트를 통과하지 않을 수는 없었다. 나도 과거에 전자제품 설계를 해 봤지만, 제품을 개발하면서 성능의 기준을 정할 때 많은 트레이드오프(어느 성능을 올리기 위해 다른 성능이 나빠질 경우 적정선의 타협점을 찾는 것)가 이루어진다. 이때 어떤 점을 더 중요하게 볼 것인지 정하는 것은 상당히 주관적이다. 깊은 산속에서도 잘 터지는 핸드폰이 좋을까, 대도시에서 잡음이나 통화 중 이상 현상 없이 잘 작동하는 핸드폰이 좋을까, 물론 둘 다 좋은 게 최고지만 기술적으로 쉽지 않은 경우가 많다.

이때 영업 부사장의 요구는 기술 부서의 요구 사항을 다 충족시키고 인증 시험 절차를 빨리 마쳐 달라는 것이었다. 하지만 그 이면의 욕구는 트레이드오프가 필요한 성능은 기술 부서를 잘 설득해서 빠르게 검사를 마쳐 달라는 것으로 생각되었다. 그 당시 기술 부서에는 모토로라나 노키아처럼 쭉 거래해 오던 업체가 아닌 신생 업체인 L전자에 대한 불안감 탓에 조금은 과도하게 성능 검사를 주장하는 것처럼 느껴지는 엔지니어가 있었다.

그래서 내가 제3의 창의적 대안으로 제안한 것이 있었다. 일단 핸드폰 출시의 데드라인을 정하고, 사업자 측과 통신 사업자 측에서 각각 이 사명을 달성할 책임자를 챔피언으로 선정한다. 그리고 두 사람이 수시로 만나 성능 테스트 진전 상황을 교환하면서 각각의 엔지니어를 설득해, 끌어올릴 성능은 올리고 타협할 수 있는 성능은 내려서 적정선의 트레이드오프를 통해 반드시 기한 내 핸드폰을 출시하자는 것이었다. 그리고 사업자 측의 챔피언은, 우리 회사에 대한 불안감을 가지고 있던 바로 그 엔지니어로 정해달라고 요청했다.

더불어 기한 내 출시를 강조하기 위해 양사 주요 인력들이 모여서 챔피언 벨트 증정식 세레모니를 하자고 제안했다. 그렇게 회사 근처의 좋은 식당에서 모형으로 된 챔피언 벨트를 증정하고, 기한 내 출시를 다짐하며 양측 엔지니어가 서로 소통하며 사귈 수 있는 계기를 마련했다. 이후 빈번한 만남과 소통을 통해 우리 회사의 기술력에 신뢰를 얻은 사업자 측의 챔피언 엔지니어는 기한 내 출시를 독려하여 무사히 출시를 마쳤고, 그 '카메라폰'은 사업자와 공급자 모두에게 소위 대박 핸드폰이 되었다.

이때 내가 챔피언을 선정하고 챔피언 벨트까지 전달하는, 어쩌면 유치할 수도 있는 제안을 한 데는 이유가 있다. 과거 첫 번째 미국 주재원 근무 당시 Compaq 담당 세일즈 랩으로 일했던 사람이 들려준 이야기가 생각난 것이다. 그가 말한 B2B 영업의 인간관계 요체는 3가지였다.

1. Primitive (원시적인, 덜 성숙된 어쩌면 약간 유치할 수 있는)
2. Aggressive (적극적인)
3. and Make a big show (그리고 큰 쇼를 벌여라)

이에 따라서 당시 모니터 판매 50만 대, 100만 대, 200만 대 돌파 기념 세레모니를 하기도 했고 이번 사례에서도 이를 참고한 것이었다.

[다른 욕구 혹은 가치]   사업도 결국 사람이 하는 것이기 때문에, 사람들 개개인이나 사람들로 구성되어 있는 기업에서도 단순한 경제적 이익 외에 다양한 욕구와 가치가 있을 수 있다. 예를 들어 최근 많이 언급되는 ESG환경, 사회, 지배구조에 기여한다든지, 고객 회사의 핵심 가치에 부합한다든지 하는 요소로 가격이 조금

높더라도 공급자Vendor로 선정될 수 있다. 노동자의 여러 가지 복지 정책과 친환경 경영을 통해 비용 증가가 발생하더라도, 고객 회사가 그들 자신뿐 아니라 납품 업체에 대해서도 인권 보호와 친환경 관리를 한다는 것이 결과적으로는 그 회사에도 도움이 되기 때문이다.

이외에도 사람들에게는 '공정함, 위험 회피, 인정, 정직, 신의, 자랑, 도덕성' 등의 다양한 욕구와 가치가 있다. 이 역시 창의적 대안을 생각할 때 고려할 만한 요소다. 앞서 말한 Verizon 사례에서 불안감을 가졌던 엔지니어가 중요한 프로젝트의 고객 측 챔피언으로 선임되어 성공적으로 프로젝트를 진행한 것도, 그 사람의 인정 욕구가 충족되고 기한 내 핸드폰을 출시했다는 자랑의 욕구도 충족될 수 있었을 것으로 본다.

객관적 기준 Standard   상담이나 흥정을 할 때 객관적인 기준을 먼저 책정하고, 거기에서부터 파는 사람 입장에서는 우리 상품이 왜 조금 비싼지(Standard + Premium), 사는 사람 입장에서는 왜 싸야 하는지(Standard - Discount) 이야기하다 보면 보다 설득력이 생긴다. 아예 객관적인 기준이 없는 협상은 흥정이 되어 버리고 자칫 감정싸움으로도 번질 수 있다. 무엇보다 결과에 대해 납득하기 힘들고 만족하기도 어렵다.

그러나 객관적 기준을 활용한 협상은 흥정이 아니라 원칙에 따른 협상이 되고, 감정싸움이 아닌 논리의 대결이 되며, 결과에 대해서도 승복하고 만족하기가 비교적 쉽다. 그래서 협상에서 일방적인 숫자의 제시보다는 객관적 기준부터 합의하고 여기에 Premium과 Discount에 대한 논리를 덧붙이면 최종 합의점을 도출하기 쉬워진다. 같은 협상이라도 객관적 기준이 있는 협상과 없는 협상은 어떻게 다른지, 다음 예로 살펴보자.

협상 결렬 시 대안 BATNA   BATNABest Alernative to Negotiated Agreement는 협상이 이루어지지 않을 경우 취할 수 있는 일종의 대안, 차선책이다. BATNA가 없는 사람이 BATNA가 있는 사

객관적 기준이 없는 협상?	객관적 기준을 활용하면?
매수자: 이 회색 제네시스 얼마죠? 매도자: 1,800만 원입니다. 매수자: 이 차는 주행거리도 6만 마일이 넘었고, 1,800만 원은 너무 비쌉니다. 1,500만 원에 해 주시죠. 매도자: 이 차에는 오디오도 전부 고급 bose 제품이고, 타이어도 4-season 새것에, 휠 커버도 모두 크롬 도금된 것이고 해서 사실은 2,000만 원은 받아야 하는데 싸게 드리는 겁니다.	매수자: OO중고거래 사이트에서 거래된 OO년도 제네시스 매매가가 얼마죠? -> 스탠다드 매도자: 1,700만 원에 매매되었습니다. 매수자: 그거 보면 그건 3만 5천마일을 달린 차고, 이 차는 6만 마일 이상 달린 차니 1,500만 원에 주시죠. -> 디스카운트 매도자: 이차는 오디오도 전부… … 사실은 2,000만 원은 받아야 하는데 싸게 드려서 1,800만 원은 주셔야 합니다. -> 프리미엄

객관적 기준 여부에 따른 협상의 차이점

람과 협상하는 것은 몹시 힘들다. 상대방은 협상이 깨져도 대안이 있기 때문에 조금이라도 불리한 조건은 받아들이려 하지 않기 때문이다. 따라서 차선책이 없는 사람은 상대방의 요구에 끌려가기 쉽다. 그러나 상담에 있어서 설사 내게 BATNA가 있더라도 상대방에게 쉽게 노출해서는 안 된다. 이는 상대방이 다른 대안을 수립할 수 있게 하거나, 감정적으로도 좋지 않은 상황으로 이어질 수 있다.

구매자와 공급자의 관계는 소위 '갑'과 '을'이 되고 구매자가 '갑'이 되는 경우가 대부분이다. 이는 대개 구매자에게 다른 업

Janie Mitcham의 철도건설 협상 사례

공공 전기전력 회사인 Houston Power & Lighting Company는 Burlington Northern Santa Fe 철도에 1년에 1억 9천 5백만 달러를 석탄 운송비용으로 지급하면서도 상대가 독점 업체인 탓에 질 낮은 서비스를 감수해야 했다.

Burlington Northern Santa Fe 철도의 라이벌 철도회사인 Union Pacific의 철도는 그로부터 10마일 떨어져 있었다. 이때, 구매 담당 책임자인 Janie Mitcham은 거기서부터 공장에 이르는 연결철도를 만들어냈다. 이후 그녀는 보다 낮은 가격과 서비스로 Union Pacific과 계약을 체결하였으며 Union Pacific이 운송시간을 맞추지 못하였을 때 그녀는 사과를 촉구하면서 Burlington Northern으로 수송책임을 바꾸어 버렸다. 결국 담당자는 사과와 더불어 더 나은 서비스를 약속했다.

그녀는 Burlington Northern과의 협상에서, 주어진 틀 밖에서 생각함으로써 새로운 BATNA를 만들어냈고 향후 복수 공급선을 가지고 그녀의 레버리지를 향상시켰다.

BATNA 참고 사례

체에서 구매하면 된다는 BATNA가 있기 때문이다. 그러나 공급자가 독점 제품을 가지고 있다거나 강력한 특허 등이 있다면 상황이 달라질 수 있다. 또한 대부분의 B2B 사업의 경우는 비즈니스 관계가 장기간 이어지기 때문에 당장 BATNA가 없더라도 이를 만들어 낼 수도 있다.

• 6계명 : 코칭식 대화를 하라

전 직장이었던 물류회사 판토스를 퇴임하고 대전에 있는 대학에서 국제 경영학부 교수로 있던 시절이었다. 학교에서 학생들을 위해 '대인 관계 능력Social Interaction'에 대한 강의를 개발해 달라는 요청이 있었다. TED와 MOOK 등 강의 공유 프로그램을 참고하며 각 대학의 커리큘럼도 찾아보고 있을 때, 물류회사 재직 시절 임원 코칭을 해 주셨던 코치님에게 연락이 왔다. 일본에서 한국과 일본의 코치 간 교류 협력을 여는데 같이 가지 않겠느냐는 것이었다. 과거 경험상 코칭 스킬이 강의에 도움이 되겠다는 생각이 들어 자비로 출장 허가를 얻어 참가하게 되었다. 그리고 한국과 일본의 저명한 코치들의 발표 내용과 대화를 통해 코칭 교육이 학생들의 대인 관계 능력에 많은 도움이 될 거라는 확신이 들면서 본격적으로 공부를 하게 됐다.

코칭의 넓은 범위 중에서도 코칭식 대화는 비즈니스 상담에도 많은 도움이 되고, 또한 상대방과 좋은 관계를 유지하는 데도 유

A사 구매부장: 다음 납품가는 무조건 20% 깎아야 합니다.

B사 영업부장: 아니, 아무리 A사가 갑의 위치에 있지만 이건 너무 심하지 않습니까?

A사 구매부장: 이건 상부의 지시이니 별 다른 도리가 없습니다. 맞추든지 아니면 다른 Vendor에게 기회를 줄 수밖에 없습니다.

코칭식 대화

A사 구매부장: 다음 납품가는 무조건 20% 깎아야 합니다.

B사 영업부장: 김부장님은 항상 화끈하십니다. 무조건이라 하지 마시고 갑자기 20%씩이나 가격을 인하받아야 하는 특별한 이유가 있으신건지요?

A사 구매부장: 요즘 아시다시피 건설 경기가 불황이라 회사 사정이 매우 어렵습니다. 전사에 경비 절감 목표가 떨어졌고 구매부서는 전 구매 품목을 20% 절감하라는 지시가 있었습니다.

B사 영업부장: 네 그렇군요. 김부장님도 어려움이 크시겠습니다. 그리고 회사를 위해 열정적으로 애쓰시는 김부장님이 계셔서 사장님도 든든하시겠습니다. 김부장님 저희 입장을 말씀드리면……

코칭식 대화 예시

용하다. 코칭식 대화라는 건 내가 많은 말을 하기보다 상대방의 말을 공감하며 경청하고 상대방을 인정, 지지, 격려하는 대화 방식이다.

선배 중에 전자 업체에 수십 년 납품을 해 왔던 분이 있었다. 선배가 창업할 당시 동종 부품을 생산하는 업체가 수십 개 난립해 있었는데, 지금은 본인 회사를 포함해 두세 곳만 남아 명맥을 유지하고 있다고 한다. 그나마 두세 곳 중에서도 한 업체는 이미 주력 사업을 다른 곳으로 바꾼 상황이라고 했다. 그러면서 덧붙인 말이, 원청업체에서 거의 무조건 매년 15% 정도 가격 인하를 요구하는데 이를 견디며 살아남기가 쉽지 않다는 것이다. 이런 상황에서 거래선과 인간관계도 유지하면서 자기주장을 펼쳐나가는 코칭식 대화는 어떻게 이루어져야 할지, 위 예를 살펴보면 좋다.

• 7계명 : 영접, 미팅, 식사 및 여흥을 할 때 고객을 배려하고 동선을 감안해 세밀한 플랜을 짜라

과거 전자 업체에 근무할 때 주요 고객이 오거나 해외 주재원 근무 시 본사의 VIP가 출장을 오면 분 단위 동선 계획을 짜는 것이 기본이었다. 160쪽의 사례를 참고하여 더 혹은 덜 세부적으로 상황에 맞게 계획을 짜길 바란다. 그러나 특히 의전 업무는 더 철저하게 준비할수록 실수나 후회가 없다.

• 8계명 : 고객의 성향(Style)을 알아라

사람마다 좋아하는 것이나 싫어하는 것이 다르고, 성격이나 성향도 다를 수 있다. 고객의 성격이나 성향, 협상 스타일을 잘 알고 대처한다면 당연히 더 좋은 효과를 볼 수 있을 것이다. 이는 비단 고객과의 관계에서뿐만 아니라 직장 상사, 동료, 부하 직원을 대할 때, 심지어 가정에서 가족 간에 서로를 이해하고 불

필요한 오해를 막는 데도 도움이 된다.

개인의 성향이나 협상 스타일을 분석하는 데는 MBTI 같은 여러 도구가 있다. 그러나 대부분은 대상자 스스로가 질문에 답하는 형식으로 판단하는 것이고, 이를 고객에게 한번 해보라고 할 수도 없는 노릇이다. 대신 밖으로 드러나는 여러 행동을 보고 어느 정도 판단할 수는 있는데, 그것이 DISC 성향 분석이다.

DISC 성향 분석표를 보면 Y축에는 그 사람이 일 처리에 있어서 빠른지 혹은 느리고 신중한 편인지, X축에는 평소 생각이 일 중심인지 사람 중심인지를 두고 각 성향별 주요 특징을 나타냈다. 일 중심의 빠른 의사 결정과 행동을 보이는 사람은 주도형 Dominance, 빠른 의사 결정과 행동을 하지만 사람과 인간관계를 중시하는 사람은 사교형 Influence, 의사 결정과 업무 처리가 신중하지만 일 중심인 사람은 신중형 Conscientiousness, 그리고 사람과 인간관계를 중시 하는 사람을 안정형 Steadiness으로 표시했다. 더불어 대표 성향과 겉으로 드러나는 행동, 해당 성향의 대표적인 역사적 인물도 나타냈다.[1]

여기서 주의해야 할 점은, 성향별 특징이 대체로 그렇다는 것일 뿐 모든 사람에게 똑같을 수 없다는 것이다. 또한 성향은 타고난 성격이나 기질과는 약간 다르고, 환경에 의해서도 변화될

---

1   홍광수, 《관계》, 아시아코치센터, 2007

시간	고객명	장소	내용	준비물	비고
09:00	B사 OOO 부사장 Mr. Richard Parmer 상무 외 1인(신원미확인)	인천 공항	공항 영접	당사 영접 안내판	김OO 과장 영접 010-XXXX-XXXX
09:10 – 10:10	상동		고객 이동	① 회사차량 제네시스 – 61허 XXXX 김OO기사 010-XXXX-XXXX ② 생수 3병 ③ 영자신문 다른 것 1부씩 2부 ④ 당사 안내 브로슈어 ⑤ 영문 서울 관광 가이드 잡지	김OO 과장 동승
10:10 – 10:13	상동	회사 정문 로비	회사 영접	① 환영 board	김OO 과장이 회사 도착 5분 전 박OO 상무 연락 ⇨ 박OO 상무 로비 영접 및 상담실 안내
10:15 – 11:45	상동	상담실	사장님 인사 후 퇴장 이후 해외 영업 담당 김OO 전무 주도 상담	10:15~10:25 사장님 인사 및 환담(음료 준비/오렌지 주스 및 커피(드립커피), 녹차 준비) 10:25 김OO 전무 주도 상담 상담 자료 준비 및 PC 프로젝터 점검(최OO 부장) 다과 준비: 김OO 사원 음료: 오렌지 주스, 다이어트 콜라, 탄산수, 생수(삼다수 등), 녹차, 커피(드립커피)	사장님 김OO전무 박OO상무 최OO부장

7계명 : 세밀한 플랜

11:45 – 12:00	상동	이동	식당 이동	① 회사 차량 제네시스 – 61허 XXXX 김OO 기사 010-XXXX-XXXX	박OO 상무 동승
12:00 – 1:00 (~1:30)	상동(Mr. Parme 제외) 별도 스케줄표 참조	삼호 가든	오전(메뉴: 양념갈비정식) 메인: 냉면, 된장찌개 (반찬: 영문명 알아둘 것. 박OO 상무)	① 갈비 절단용 가위(별도 회사에서 준비, 김OO 사원) ② 탄산수(냉장 보관된 것)와 일반 미네랄 워터 각각 5병 ③ 룸, 수저, 잔, 물컵 청결 상태 점검(김OO 사원)	오찬인원: 사장님, 김OO 전무, 박OO 상무 사장님 차에 김OO 전무 동승, 귀가 시 박OO 상무, 김OO 사원 동승

수 있다. 어떤 사람이 조직의 리더 생활을 오래 하다 보면 빠른 일 처리와 의사 결정을 할 수밖에 없으므로 안정형인 S형 성향에서 점차 주도형인 D형 성향으로 바뀔 수 있고, 원래 D형 성향을 가진 사람이었더라도 은퇴 후 봉사활동을 오래 하면서 사람 중심의 사교형인 I형이나 안정형인 S형으로도 바뀔 수 있다.

자기 자신과 타인의 성향을 알아내는 간단한 테스트로 '오링 테스트'가 있다. 오링 테스트는 정확도는 다소 떨어질 수 있지만, 아주 간단하게 자신이나 다른 사람의 성향을 알아볼 수 있는 테스트다. 아래에 표기한 신체의 네 곳에 각각 한 손을 가져가고, 다른 한 손은 엄지와 검지를 붙여서 동그랗게 만든다. 그 상태로 손가락에 최대한 힘을 준 다음, 다른 사람에게 양손의 검지를 이용해 동그랗게 만든 손가락 모양을 벌려서 떼어 보라고 요청한다. 4번의 시도 중에서 가장 힘있게 버틸 수 있었던 곳이 자

빠름(신속함)

주도형(D형)
- 결과를 성취, 주변의 장애를 극복
- 주도형의 말투
- 굵고 높은 목소리
- 결론이 없다
- 간략한 브리핑
- 대안을 가지고 있는 지시의 언어
- 한번을 말해도 이해력⇧
- 흉보고 따라 하기
예) 링컨, 나폴레옹, 박정희, 김대중

사교형(I형)
- 다른 사람들을 설득 또는 영향을 미침
- 사교형의 말투
- 참을 수 없는 존재의 가벼움
- 나도 말 좀 해보자
- 감성의 언어
- 화려한 설득력
- 긍정의 언어
- 당신이 좋아야 내가 좋다
- 뛰어난 공감력
- 기상천외한 발상력
- 밥 한번 먹자!
예) 김영삼

일 중시 ──────────────── **사람 중시**

신중형(C형)
- 일의 완벽성과 정확성 추구
- 신중형의 말투
- 낮고 가는 톤으로 필요한 말만 함
- 알아야 속이 시원한 편
- 모함을 당할 때 폭발
- 기대치가 높은 사람들
- 책임감이 강한 사람들
예) 간디, 조지부시, 블라디미르 푸틴, 이승만

안정형(S형)
- 다른 사람들과 협력, 절제된 행동에 가치부여
- 안정형의 말투
- 핵심을 피하는 것이 핵심
- 너를 따를게
- 알아서 해주세요
- 그 사람이 했다면 나도 한다
- 상대방에게는 친절하게
예) 노태우, 김종필, 지미카터

느림(신중함)

DISC 성향 분석표

신의 대표 성향이라고 할 수 있다.

- 목 바로 밑 약간 움푹 파인 곳 - 주도형(D형)
- 명치(가슴에서 양쪽 갈비뼈가 만나는 약간 움푹 파인 곳) - 사교형(I형)

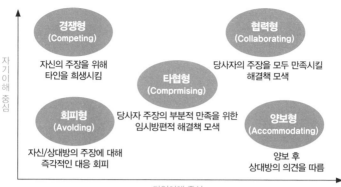

- 배 – 안정형(S형)
- 배 아래 단전 – 신중형(C형)

이렇게 그 사람의 일반적인 성향을 알고 인간관계를 맺거나 상담에 응하면 상대방을 대하는 데 많은 도움이 될 수 있다. 그러나 상담 현장에서 나타나는 그 사람의 성향에 대해서 상담 이론에서는 다음과 같이 분류하기도 한다.

상담 이론에서의
사람 성향

개인적인 생각으로, 주로 주도형(D형)의 사람이 상담 현장에서는 경쟁형으로 나타날 가능성이 높으며, 사교형(I형)의 경우는 협력형이나 타협형의 성향을 띨 가능성이 높다고 본다. 안정형(S형)이나 신중형(C형)은 경쟁형을 제외한 모든 성향을 나타낼 수 있지만 안정형(S형)의 사람이 회피형이나 양보형을 성향을 나타낼 가능성이 높지 않을까 생각한다.

각 상담 스타일에 대한 대응 방법은 다음을 참고하기 바란다.

- 경쟁형 협상가에 대한 대응 : 중요하지 않은 부분부터 먼저 협상에 들어간다. 중요하지 않은 부분은 상대방 의사를 주로 따르되, 중요한 부분에서는 앞서 양보한 부분을 어필하며 내 주장을 관철시키도록 한다.
- 협력형 협상가에 대한 대응 : 상호 간에 Win-Win이 될 수 있는 창의적인 대안을 함께 연구해 본다.
- 타협형 협상가에 대한 대응 : 이 성향의 협상가는 보통 양쪽의 제안 중간쯤에서 결론이 나는 것을 선호한다. 따라서 내가 먼저 제안하면서 앵커링Anchoring(닻을 내린다는 개념으로 협상에 있어서 나나 상대방이 제안하여 기준점이 되는 곳)을

유리한 지점으로 설정하되, 억지 주장으로 느껴지지 않도록 논리와 데이터로 뒷받침한다.

- 양보형 협상가에 대한 대응 : 이 성향의 협상가는 자존심이 상하지 않도록 배려해 주고, 상대방을 인정하고 지지하는 태도를 보이도록 한다.
- 회피형 협상가에 대한 대응 : 이 성향의 협상가는 편안한 분위기를 형성하고 이번 상담의 중요성과 필요성을 잘 설명하며 작은 것은 양보해 주도록 한다.

상대방 성향도 중요하지만 자신의 협상 스타일에 대해서도 생각해봐야 한다. 자신이 너무 경쟁적이거나 양보적이면 협상이 꼬이거나 결렬될 수 있다. 설사 자신이 갑의 입장이라 경쟁적으로 협상에 나선 게 어떻게든 타결되었다 해도, 나쁜 인상을 남기게 되어 언젠가 상황이 바뀌면 도움을 받기 힘들어진다. 반대로 내가 너무 양보적이면 필요한 것을 얻지 못하게 될 수 있다.

• 9계명 : 고객의 관심사를 공유하라

B2B 사업에 있어서 주요 고객, 즉 Key Account와의 관계는 장기간 지속적으로 이어지는 경우가 많다. 그래서 상담 때만 만나는 것이 아니라 식사를 함께하기도 하고, 특히 해외에서 방문한 고객의 경우는 주말 시간을 같이 보내며 개인적인 친분 관계

로 발전하는 경우도 많다. 이럴 때 그 고객의 취미나 평소 관심사를 같이 공유하고 대화를 나누면 관계 증진에 더욱 도움이 될 것이다. 이렇게 취미나 관심사로 이야기를 나누기 위해서는 평소 폭넓은 공부도 필요하다. 과거 해외 영업 현장에서 고객과 개인적 친분을 위해 필요하다고 느낀 것들을 간략하게 나열해 보면 다음과 같다.

- 와인 (특히, 유럽 고객)
- 클래식 음악 (유럽 고객)
- 재즈 음악 (특히, 미국 고객)
- Rock & Roll (미국 고객)
- 미식 축구 경기 내용, 주요 선수 이름
- 유럽 프리미어 리그 경기 내용, 주요 선수 이름 (동남아 고객도 좋아함)
- 미국, 일본 프로 야구
- 할리 데이비슨 오토바이
- 그림 (후기 인상파 이후 그림, 이전은 주요 작가 그림)
- 파도 타기, 스키, 스쿠버다이빙
- 기타 등등

이는 1계명이었던 '진정성'을 더욱 강조하기 위해서 하는 말인데, 고객을 대할 때 어떤 방책을 가지고 대하는 것이 오히려 진정성이 떨어질 수도 있다. 나머지 9계명이 필요 없다는 뜻이 아니라, 자연스럽게 몸에 배어서 평소 고객을 대할 때 묻어나올 정도로 숙지한 뒤에는 오로지 진정성을 가지고 고객에게 최선을 다한다는 마음가짐이면 될 것이다. 이 내용을 기억한다면 말 그대로 '고객을 친구로 만드는 연금술'을 좀 더 쉽게 쓸 수 있을 것이다.

회사와 회사 차원의
고객 관리 접근법

사실 핵심 고객 관리Key Account Management에 대해서 국내에서 이론적인 배경이나 논문 등을 찾기는 쉽지 않았다. 하지만 외국에는 관련 책이나 논문이 꽤 많이 있다. 논문의 경우 실무에 적용할 만한 것이 많지 않았지만, 다이애나 우드번과 말콤 맥도널드가 공동 저술한 《Key Account Management》라는 책에 핵심 고객 관리에 대한 다른 내용이 잘 정리되어 있다. 지금까지 핵심 고객 관리에 대하여 회사 대 회사보다 개인 대 개인의 관계를 위

주로 살펴봤다면, 해당 책에서는 회사 대 회사 차원의 접근법을 함께 다룬다.

핵심 고객과의 관계를 더욱 강화시켜 나가기 위해서는 개인적인 유대감을 높이는 것뿐 아니라 회사 차원에서도 보다 발전적인 관계를 만들어갈 수 있는 부분이 있다. 예를 들면 회사가 가지고 있는 자원의 공동 활용이나 공동 활동 강화, 더 나아가 지분 투자 관계 등으로도 발전해나갈 수 있을 것이다. 이러한 관계에 대해서도 단계별로 살펴보도록 하자.

[자원의 공동 활용 Resource Ties]　공동으로 어떤 제품을 개발하거나 공동 소유의 창고를 활용한다든지, 혹은 특정 IT 시스템을 공동 개발하여 활용하는 식으로 관계를 강화해 나가는 단계다.

[공동 활동 강화 Activity Links]　공동 마케팅Joint Marketing 활동이나 공동 트레이닝Joint Training처럼 어떤 특정 프로젝트를 기획부터 실행까지 공동으로 행하는 것을 말한다. 개인적인 경험으로는 L전자 근무 시절 미국 Verizon과 공동 마케팅을 진행한 적이 있는데, TV나 신문 잡지 등의 Verizon 광고 시 등장하는 모바일 핸드폰을 L전자 제품으로 하고 L전자의 로고도 노출시키는 대신, L전자에서 광고비 일부를 지원했던 사례가 있었다. 또 해운 회사인 H사에 근무 당시 강원도에 발생한 대형 산불로 이재민

이 많이 발생한 적이 있어, 강원도에 컨테이너를 기부하기도 했다. 이때 H사의 물류 업무를 도와주던 L로지스틱스가 컨테이너의 운반을 맡아 동시에 홍보가 이루어졌다.

다만 이렇게 개인적으로, 혹은 회사 차원에서 잘 맺어온 관계가 작은 실수로 하루 아침에 무너지는 일도 있다. 그래서 특히 조심해야 하는 부분을 기억해 두는 것이 좋다.

1. 현 상황에 안주Complacency
2. 정직성 관련 실수Lapses in integrity
3. 이익 감소Leaking profitability

이 3가지 요인과 관련하여 내가 경험한 사례로 앞에 언급했던 Verizon과 공동 마케팅에서 경쟁사 케이스가 있었다. L전자와 Verizon이 공동 마케팅을 하기 전에 Verizon은 주로 모토로라와 공동 마케팅을 해오고 있었다. 모토로라가 레이저폰 이후로 이렇다 할 제품 혁신 없이 관계를 유지하면서 여전히 공동 마케팅 비용을 부담해 왔는데, 이것이 결국 '현 상황에 안주'하는 상황이었던 셈이다. 이렇게 기대 이상의 매출이 발생하지 않고 경쟁사들과 가격 경쟁도 하다 보니, 결국 '이익의 감소'로도 이어졌다. 공동 마케팅 비용의 부담도 느꼈을 법한 상황이었다. 그러다가 Verizon에서 L전자에게 공동 마케팅을 제안했다. 비용이 부담스럽긴 했으나 본사 경영진을 설득하여 참여했고, 결과는 기대 이상이었다. L전자의 브랜드 인지도 향상에 많은 도움이 되었기 때문이다. 물론 이는 당시 회사 브랜드는 잘 알려지지 않았을지라도 제품의 경쟁력은 분명했기에 가능했던 일이다.

3.
더 넓은 해외 시장으로
향하는 표지판

B2B의 주된
유통 방식

B2C 제품과 B2B 제품은 유통 방식에 상당한 차이가 있다. B2C 제품은 고급품을 주로 다루는 백화점이나 가격 경쟁이 중심인 창고형 매장처럼 직접 매장을 가지고 소비자에게 판매하는 경우나, 혹은 아마존이나 쿠팡처럼 온라인으로 소비자에게 판매

하는 경우가 있다. 그래서 국내 B2C 업체가 해외 시장을 개척할 때는 이러한 현지 유통업자와 거래하거나, 아니면 국내 업체가 현지에 법인을 설립하여 직접 매장과 재고를 가지고 영업을 하게 된다. 혹은 매장 없이 재고만 가지고 방문 판매나 인터넷 판매 등을 하는 방법도 있다.

B2C는 소비자를 직접 대상으로 하지 않고, 기업을 고객으로 삼기 때문에 그 형태가 많이 다를 수밖에 없다. 주로 현지에 법인이나 자사를 만들어 주재원을 파견하거나 현지인을 고용하여 직접 영업하는 경우, 혹은 관련된 일을 하는 다른 인력을 활용하는 경우가 있다. 예를 들면 과거 종합상사나 현지의 유통업체처럼 우리 제품을 구매하여 실제 사용자인 회사에 판매해 주는 업체(수입상)를 이용하거나, 아니면 단순히 중간에서 거래 주선을 하고 수수료를 받는 세일즈 랩(오퍼상, 무역 대리업자)을 활용하는 것이다.

1984년에 처음 L상사 뉴욕지사에서 근무를 시작하며 모니터 중심의 컴퓨터 주변기기 영업 업무를 할 때, 나는 세일즈 랩을 많이 활용했다. Compaq과의 영업 때도 2명의 세일즈 랩이 있었는데, 그중 1명은 영업 이슈를 다루고 다른 1명은 기술 이슈를 다루었다. 세일즈 랩을 활용할 경우 종합상사나 수입상처럼 물건을 직접 사서 최종 수요자에게 납품하는 것이 아니기 때문에, 거래 방식에 대해 잘 알고 있어야 한다. 최종 수요자인 실 거래선이 L/C(Letter of Credit, 은행을 통해서 수출 대금을 지급받는 방식에 필요한 서류)를 열어 주거나, 아니면 은행이 대금 지급에 대한 신용을 하지 않는 상태에서 거래선을 믿고 진행하는 무신용 거래를 해야 한다. 이를 무역 용어로는 D/A, D/P 거래라고 하는데, 많은 경우 거래선의 대금 납부를 보장하기 위해 보험을 들고 있다. 대표적으로 무역 보험 공사에 보험 가입을 하는 경우가 많다. D/A와 D/P의 가장 큰 차이는 D/A가 일종의 외상 거래라는 것이다. 이에 대해 조금 더 상세히 살펴보겠다.

• **D/A(Document against Acceptance, 인수 인도 조건)**

수입자가 기한부 어음을 발행하고, 추심은행을 통해 화물을 찾는 데 필요한 선적 서류를 수입은행에 보낸다. 그러면 수입은행은 이를 수입자에게 넘겨주고, 약정 기간이 지나면 수입자가 결제를 하게 된다. 결제 후 수입은행이 수출은행에게, 수출은행이 수출자에게 돈을 지급한다.

• **D/P(Document against Payment, 지급 인도 조건)**

수입자가 대금을 지급해야 할 선적 서류를 내어 주는 방식이다. 수출자는 물건을 선적하고 환어음을 발행하는데, 이때 환어음은 후불 기능이 없는 사이트 환어음이다. 이를 수출은행에 전달하고, 수출은행은 수입은행에 전달, 수입은행은 다시 수입자에게 전달한다. 그래서 대금 결제를 받은 뒤 서류를 전달하는 것으로 보면 된다. 즉 L/C처럼 서류상 하자가 없으면 수입은행이 수출 대금을 지불하는 방식이 아니라, 수입은행이 수입업자에게 돈을 받아야만 물건을 찾는 데 필요한 서류를 건네주는 방식이다. 따라서 화물이 선적되어 오는 기간 동안 수입업자의 마음이 변하지 않으면, 화물을 찾기 위해 대금을 수입은행에 지불해야 한다. 대금을 지급하지 않고 화물을 먼저 찾는 D/A보다 좀 더 안정성 있는 방법이라고 볼 수 있다.

참고로 거래선인 수입자가 큰 기업이거나 외국과 거래가 많은 경우는 이와 같은 L/C나 D/A, D/P 거래에 익숙하지만 그렇지 않은 경우라면 무역협회나 KOTRA 같은 곳에서 도움을 받거나 국내 종합상사와 협의를 해 보는 것도 좋다.

해외 거래 방식에서 발생하는 문제의 솔루션

거래선에 따라서는 현지에 재고를 두고 현지의 거래 방식(주로 30일 정도의 외상 거래 방식)으로 거래를 요구하는 경우도 많다. 그런 거래선과는 거래를 하지 않을 수도 있지만, 그렇게 해서라도 거래를 확대한다면 보통 2가지 문제가 발생한다. 첫째는 아직 거래 규모가 현지에 법인을 설립할 정도가 아닌 것, 둘째는 대금 지불에 대한 보장 방법이다.

우선 거래 규모에 대한 문제다. 아직 현지에 자사 법인을 설립할 정도의 거래 규모가 아닌 경우로, 내가 물류회사 대표로 근무할 당시 겪었던 사례를 들 수 있다. 국내의 한 유명 정수기 메이커가 해외에서 거래를 확대하는 과정에서 이런 상황이 생겼다. 그 당시 해외 현지에서 정수기를 구매하는 거래선이 대부분 한인 슈퍼마켓이었고, 그 나라의 대형 슈퍼마켓은 그때그때 필요한 수량을 자신들의 여러 매장에 납품하고 나중에 대금을 결제하는 방식을 요구했다. 정수기 메이커 입장에서는 아직 현지에 법인이나 지사를 만들 만한 거래 규모가 아니었고, 그 역할을 할 만한 수입상도 찾을 수 없었다. 과거에는 국내 종합상사들이 그 역할을 했지만 규모가 큰 그룹 종합상사들은 실적을 중시하다 보니 설사 그런 역할을 하고 있더라도 별 관심이 없을 것이었다.

당시 근무하던 회사가 글로벌로 현지에 창고를 두고 트럭 운송 등 현지 물류 사업도 하고 있어 정수기 회사에서 우리를 찾아왔다. 계약은 서로 맺기 나름이라, 우리 쪽 물류회사에서 납품처의 요구대로 현지 거래선에 배송하고 물품 대금 수금까지 대행하기로 했다. 단, 수금이 안 되거나 품질 등 클레임 Claim 사항이 생기면 전부 납품처가 책임지는 조건이었다. 더불어 납품처는 수입업자 역할을 해 준 물류회사의 현지 법인에 일정 기일 후 판매 상황과 관계없이 물품 대금을 지급하기로 했다.

요즘 국내의 대형화된 물류회사가 현지에 창고를 가지고 내륙 물류를 하기도 하고, 지역에 따라서는 중견 물류회사들이 현지 법인을 두고 사업을 하는 곳도 많아졌다. 꼭 자기 창고가 아니더라도 현지 법인만 있으면 창고 공간은 빌릴 수 있기 때문에, 현지의 재고를 가지고 영업을 하려고 할 때 고려해 볼 만한 방법 중 하나다.

그리고 내가 근무하던 물류회사의 경우, 납품처 직원이 영업이나 시장 개척을 위해 현지 출장을 오면 공항 픽업부터 거래처 방문까지 이동을 도와주고 현지 사무실을 임시 오피스로 사용할 수 있도록 하기도 했다. 나중에 자체적으로 현지 지사나 법인을 설립하기 전까지 물류 회사 사무실에서 총무 지원을 받으며 사무실을 쓰게 해 준 것이다. 물론 사용료를 내야 하지만, 납품처가 자체적으로 지사나 법인을 설립하는 것보다는 훨씬 저렴한 비용으로 이용할 수 있었다. 이 경우 단점은 물류회사의 사무실이 대부분 창고와 같이 있거나 그 인근에 위치하는데, 창고는 대부분 비용이 저렴한 도시 외곽 지역에 있다 보니 납품 회사의 영업 활동이 다소 불편하다는 점이다.

다음으로 대금 지불 보장 문제는 서로 잘 알고 믿을 수 있는 업체와 거래하는 것이 최우선이다. 하지만 그래도 믿음이라는 게 주관적이다 보니 좀 더 확실한 보장을 원하거나, 잘 알고 믿을 수 있는 업체를 찾기 힘들 때 현지에서 보험이나 팩토링이라고 하는 보장 방법을 이용하면 좋다. 보험은 신용 평가가 좋은 기업을 대상으로 비교적 큰 금액으로 보장받을 수 있고, 팩토링의 경우 해당 산업군의 업체들을 잘 아는 여신與信 업체가 비교적 소액으로 여신을 들어준다.

현지에 진출한
B2B 영업 유통 채널

한국에서 외국 고객과 사업을 할 때와 달리, 실제로 현지에 법인을 세우고 재고를 가진 상태로 자체적인 영업을 할 때는 또 다른 다양한 유통 채널을 접한다. 아래는 국내에 진출해 B2B 영업을 위주로 하는 한 IT 장비 업체의 유통 채널을 예시로 설명한 것이다.

다음 장에서 그림에 등장하는 용어들을 하나씩 살펴보자.

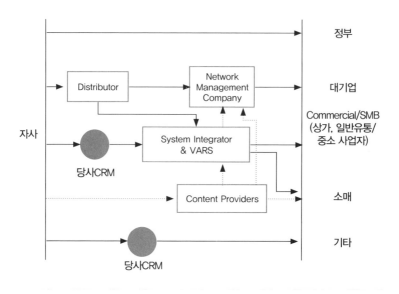

<figure>

			정부
	Distributor	Network Management Company	대기업
자사			Commercial/SMB (상가, 일반유통/ 중소 사업자)
	당사CRM	System Integrator & VARS	
		Content Providers	소매
	당사CRM		기타

유통 채널
</figure>

Distributor 도매상과 같은 역할을 하는 업체

Network Management Company 인터넷망 관리를 위탁받아서 해주는 업체

System Integrator 일반 기업에서 쓰는 각종 인터넷 관련 장비들을 종합 관리하고, 종합 솔루션 형태의 사업을 하는 회사

VAR Value Added Reseller 특정 인터넷 장비에 부가가치를 더해서 영업을 하는 소규모 기업(1인 기업도 많음)

Content Providers 특정 IT 장비에 들어가는 별도의 소프트웨어 같은 것을 취급하거나 자신만의 독특한 IT Solution을 제

3장 성공을 향해 달하라

공하는 회사

CRM　Customer Relationship Management의 약자로, 회사가 가지고 있는 고객 관리 프로그램을 말한다. 원래 은행이나 신용카드 회사 등에서 개별 고객에게 맞춤형 서비스나 영업 제안을 하기 위해서 개발한 컴퓨터 소프트웨어 프로그램이지만, 요즘은 큰 B2B 기업에서도 자체적으로 CRM 시스템이나 프로그램을 가지고 있는 경우가 대부분이다. B2B의 경우 고객이 회사 CRM에 접속하여 필요한 제품 정보를 가져가거나 주문을 하기도 한다.

중소기업의 경우 엑셀이나 파워포인트 같은 것을 활용하여 자체적으로 간단한 CRM 시스템을 만들 수도 있지만, 제대로 된 CRM 시스템을 구축하려면 비용이 많이 들어간다. 그래서 이러한 CRM 프로그램을 자체 개발 없이 사용할 수 있는 방법도 있다. 특히 B2B 기업을 대상으로 하는 세일즈포스 같은 회사에서는, 파이프라인 매니지먼트 시스템 등을 넣어 범용화된 프로그램을 클라우딩하고 이를 사용자 1인당 대금을 측정해 지불하는 방식을 운영한다. 나중에 사용자가 많아졌을 때는 비용 부담이 될 수 있겠지만, 초기에는 큰 투자 없이 기존 프로그램을 활용할 수 있는 방법이다. 이런 시스템을 활용하면 구매자에게 사용법을 잘 설명해 주기 때문에, 첨단 고객 관리 기법을 손쉽게 배울 수 있는 방법도 될 수 있다.

4.
새로운 마케팅을
시도해야 한다

전통적인 광고와
디지털 광고의 차이

지금의 대한민국은 아날로그와 디지털을 동시에 경험하고 있다. 아날로그에 기반을 두고 성장한 X세대와 태어날 때부터 디지털 환경이 익숙한 일명 디지털 네이티브Digital Natives 세대가 한 시대에 어우러져 공존한다. 디지털 변화에 적응하기 어려워하는 세대도 있지만, 이미 새로운 도구가 주어졌기 때문에 이를 적극적으로 학습하면 새로운 기회의 장을 여는 데 유용하게 활용할 수 있을 것이다. 이미 마케팅 영역에서도 새로운 트렌드로 자리한 디지털 마케팅 비중이 영역을 점차 넓혀 가고 있다. 디지털 마케팅은 인터넷을 기반으로 제품이나 서비스를 홍보하는 방식으로, 의식하지 않아도 우리는 이미 하루에 수없이 많은 디지털 광고를 접하고 있을 것이다.

디지털 이전에 주로 사용되던 전통적인 광고 전달 매체는 보통 ATL Above The Line 이라고 한다. 주로 신문, 잡지, TV, 라디오, 옥외광고 등을 사용하는 것이다. 비전통적 매체는 BTL Below The Line 이라고 하는데, 네이버나 구글 같은 검색 엔진이나 디지털 신문의 배너 광고, 이메일 PR, PPL(협찬을 대가로 영화나 드라마 등에 자사 제품을 노출시키는 것) 등을 말한다.

ATL은 보통 소비자를 고객으로 삼는 B2C 제품을 대상으로 하는데, TV 광고처럼 비용도 많이 들고 광고가 누구에게 전달되는지는 정확히 알기 어렵다. 광고가 나갈 때의 방송 시청률 정도가 광고 효과를 가늠해 보는 척도가 될 것이다. 반면 디지털 마케팅은 페이스북이나 인스타그램, 링크드인, 구글, 네이버 등 인터넷 관련 매체를 이용하기 때문에 광고 전달 범위를 비교적 정확히 파악할 수 있다.

페이스북의 경우 광고가 도달하고자 하는 사람들의 연령이나 인공지능이 분석한 취향 등을 토대로 어느 정도 타깃을 정할 수 있게 되어 있다. 그리고 실제 그 광고를 보는 사람들이 해당 디지털 광고나 배너를 클릭해야 건당 광고비를 지불하고, 또 광고비의 상한선을 지정해 두는 것도 가능하다. 그래서 잘 활용하면 아주 적은 비용으로 큰 효과를 볼 수 있는 방법이다. 실제로 업계 후배 중 마케팅 관련 유명 강사를 초빙하여 하루나 이틀에 걸친 유료 세미나인 포럼 사업을 하는 사람이 있는데, 이 방법을 통해 200백만 원 이하의 소액으로도 포럼 참가 고객을 성공적으로 모집했다.

B2B와 B2C의 광고 효과는
어떻게 다를까

일반 소비자를 대상으로 하는 B2C와 기업의 전문가 집단을 대상으로 하는 B2B 광고 효과의 차이를 잘 알 수 있는 사례가 하나 있다. 삼성전자의 프린터 제품의 판매량 증가 추이를 들여다보면 자연스럽게 연예인 전지현의 모습이 연결된다. 과거 삼성전자가 프린터 제품을 만들어 글로벌 유수 기업인 HP, 캐논, 엡손, 신도리코 등과 경쟁할 때 당시 유명하지 않던 전지현을 모델로 섭외했다. PC와 프린터를 집에서도 사용할 만한 젊은 층이

열광하는 화려한 춤으로 시선을 모았고, 일반 소비자를 대상으로 한 B2C 시장 점유율을 크게 높일 수 있었다.

다만 훨씬 더 고가의 프린터를 구매하는 기업체를 대상으로 한 B2B 시장의 점유율에는 큰 영향을 주지 못했다. B2B 시장에서 제품 구매를 결정하는 사람들은 주로 회사의 IT 담당자나 구매 담당자일 텐데, 이 전문가 집단이 중요하게 생각하는 것은 화려한 모델과 광고보다 실질적인 가격과 성능이기 때문이다. 더불어 제품에 대한 브랜드 신뢰도도 구매를 결정하는 데 중요한 영향을 미친다.

내가 미국에서 IT 제품을 판매하던 시절 업계에서 떠도는 우스갯소리가 있었다. "대기업 IT 담당자가 IBM이나 HP 제품을 사면 나중에 혹시 제품에 문제가 있더라도 최소한 잘리진 않는다. 그러나 가격 대비 성능이 좋다는 잘 모르는 브랜드 제품을 구매했다가 혹시 문제가 생기면 퇴사도 각오해야 한다"라는 것이었다.

이렇듯 광고의 모델이나 광고 이미지 등이 기업의 의사 결정에 큰 영향을 미치는 것은 아니기 때문에, B2B에서는 인터넷에서 SNS를 통한 광고 효과가 B2C만큼 좋지 않을 수 있다. 물론 불특정 다수를 대상으로 하는 TV나 신문, 잡지 광고보다는 나을 수 있지만, 광고가 내 제품에 관심이 있을 만한 기업의 구매 의사 결정자에게 정확하게 전달되는 것은 쉽지 않다. 다만 어떤 구매 담당자가 인터넷 검색 엔진에서 자신이 찾으려는 부품이나 제품을 생산하는 업체를 알아보기 위해 키워드를 검색했을 때, 어떤 회사의 이름이 상위에 뜨거나 회사의 배너 광고 등이 잘 팝업된다면 나름의 효과가 있지 않을까 생각한다.

이를 위해서는 SEO Search Engine Optimization라고 하는 기술 역량이 필요하다. 간단히 말하면 우리 사이트가 검색 결과 상위에 노출될 수 있도록 최적화하는 과정이다. 자사에서 IT 인력을 통해 공부하게 하거나, 혹은 이를 대행하는 많은 IT 업체를 활용해도 될 것이다. 구글이나 네이버 등에 SEO를 검색하면 많은 업체 리스트를 찾을 수 있다. 이중 한 군데를 선정해 개발과 유지·보수까지 맡겨도 된다.

또한 SNS 마케팅 매체 중에 링크드인의 경우는 전문 직업인들이 재취업 등을 위해 비교적 상세하게 자신의 직업이나 하는 일을 소개하고 있다. 그래서 B2B 기업이 원하는 고객들에게 우리의 광고나 홍보 메시지를 전달한다는 측면에서 보면 타 매체 대비 상세하게 접근할 수 있다. 그리고 페이스북이나 인스타그램 등은 사용자가 기재한 경력 외에도 인공지능이 그 사람의 '좋아요'나 해시태그 등을 보고 성향이나 직업, 연령대, 취향 등을 어느 정도 파악하고 있다. 이런 매체에 광고나 홍보를 원한다면 매체 영업 담당자를 만나 어떻게 원하는 고객에게 메시지를 전달할 수 있을지, 어떻게 광고 효과를 확인할 수 있을지 보다 상세히 상담할 수 있을 것이다.

　새로운 트렌드로 떠오르는 디지털 마케팅이 아직은 B2B보다 B2C 기업에 더 효과적일 것이라 설명했지만, 아마 삼성전자의 프린터 사례처럼 B2B와 B2C 고객 모두를 대상으로 하는 업체도 많을 것이다. 이전에 한 화장품 관련 벤처 업체 사장님을 통해 알게 된 바로는, 화장품을 올리브영이나 아마존 등에 납품할 때는 B2B 고객을 대상으로 하기 때문에 마케팅 측면에서 Push 전략을 잘 세워야 한다고 한다. 그리고 이렇게 납품된 화장품이 매장이나 인터넷을 통해 구매하는 고객에게 잘 팔리려면 좋은 Pull 전략이 필요하다. 따라서 광고 · 홍보를 포함한 B2C 영업 및 마케팅 전략도 갖춰야 할 것이다. 앞서 언급한 마케팅 관련 유료 세미나 사업을 하는 후배도 광고 대상이 일반 소비자가 아니라 기업의 마케팅 업무 종사자였음에도 페이스북 등을 통한 디지털 광고를 활용해 좋은 효과를 얻었다. 결과적으로 디지털 마케팅이 아직은 B2C 고객 중심으로 더 유용하게 활용되고 있다고 해도, B2B 기업 역시 효과적인 전략을 위해 앞으로 디지털 마케팅에 관심을 기울여야 한다.

구글 애널리틱스의 이해

최근 효과적인 SNS 디지털 광고 전략을 위해 많이 이용되고 있는 방식 중의 하나가 구글 애널리틱스다. 구글 애널리틱스는 소위 말하는 웹 트래픽 분석을 통해 누가 어떻게 자사의 홈페이지에 접속해 구매 과정에 이르는지 상세히 보여준다. 이를 통해 대략의 디지털 마케팅 방식도 감을 잡을 수 있을 것이다. 물론 구글 이외에도 네이버 애널리틱스나 페이스북 픽셀, 어도비 애널리틱스 등 다양한 분석 툴이 있지만 전 세계적으로 많은 사람들이 사용하고 무료 이용도 가능한 구글 애널리틱스를 대표적으로 소개한다. 상세한 실무 면에서는 더 구체적인 연구가 필요하겠으나, 기본 틀만 파악해도 회사의 마케팅 방향에 주요 의사 결정을 하는 분들에게 도움이 될 수 있을 것이라 생각한다.

- **구글 애널리틱스 리포트**

구글 애널리틱스 리포트에서는 총 다섯 가지 카테고리의 내용을 확인할 수 있다. 이를 통해 자사 웹페이지에 접속한 사람들의 인사이트와 웹페이지에서 어떤 행동을 하는지, 또 어떻게 구매까지 이어지는지, 어떤 사람들이 이탈하는지까지 파악하여 디지털 마케팅 전략을 수정 및 보완할 수 있다.

실시간 리포트　　현재 자사 웹사이트에서 일어나고 있는 일을 즉각 알 수 있는 리포트로, 동시 접속자 수 등을 파악할 수 있다.

잠재 고객 리포트　　웹페이지에 방문한 유저의 성별, 연령대, 관심 분야, 신규 방문인지 재방문인지 등을 알 수 있다.

획득 리포트　　자사 웹사이트에 접속하는 사용자들이 어떤 경로로 접속하는지 알 수 있다. 웹페이지 주소를 직접 주소창에 입력하여 접속하는지, 포털 사이트에서 키워드 검색 등을 통해 관련 내용을 찾다가 들어오는지, 혹은 SNS나 블로그 포스팅 등을 보고 들어오는지 등 다양한 접속 경로를 구체적으로 확인하는 방법이다.

행동 리포트　　자사 웹페이지에 접속한 유저들이 자사 웹사이트에서 무엇을 검색하고 얼마나 머무는지 등 어떤 행동을 하는지를 알 수 있다.

전환 리포트　　유저가 자사의 서비스나 상품을 구매하거나, 업종에 따라 회원가입 등의 최종 목표를 달성했을 때 집계되는 자료를 바탕으로 제공되는 리포트다. 어떤 경로를 통해 유입된 유저의 목표 달성 횟수가 많았는지, 최종적으로 구매나 회원가입을 한 유저의 경로를 역추적하여 가장 좋은 전환율을 달성할 수 있는 마케팅 경로나 웹페이지 구성을 기획할 수 있다.

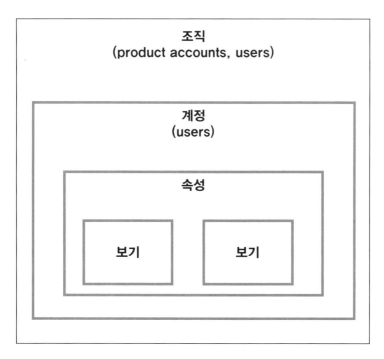

구글 애널리틱스 구조

• **구글 애널리틱스 구조의 이해**

　그렇다면 이러한 리포트를 얻기 위해서 구체적으로 구글 애널리틱스에서 어떻게 기본 설정을 해야 하는지 살펴보자. 우선 구글 애널리틱스의 구조는 위와 같다. 직접 계정과 속성을 만들어 리포트를 관리할 역할이 아니라면 대략적인 구성과 흐름 정도만 이해하면 될 것이다.

조직 Organization　　조직은 구글 마케팅 플랫폼 전체(구글 애너리틱스, 구글 태그 매니저 등)에 접근 할 수 있는 최상위 계정이다. 구글에 계정을 만들고 로그인을 하면 이와 같은 다양한 마케팅 도구를 이용할 수 있다.

계정 Account　　계정은 구글 마케팅 플래폼 중 구글 애널리틱스에서의 최상위 구성 요소다. 실제 구글 계정을 생성하여 구글 애널리틱스에 접속하면 바로 이 페이지로 이동한다. 안내에 따라 진행하여 계정을 만들 수 있고, 최대 100개까지 가능하다. 즉 자사 제품이나 서비스를 총 100개까지 관리할 수 있다.

속성 Property　　자사 홈페이지에 접속하고 활동한 사람들의 정보를 추적하여 모으고 관리할 수 있는 페이지다. 한 계정당 최대 50개의 속성을 만들 수 있고, 각 속성별로 데이터 수집에 필요한 추적 코드가 발급된다. 이 추적 코드가 홈페이지에 심어져 있어야 웹페이지의 데이터가 구글 애널리틱스로 수집된다.

보기 View　　구글 애널리틱스에서 자사의 원하는 정보를 볼 수 있는 단계다. 한 속성당 최대 25개의 보기 탭을 생성할 수 있지만, 필터 기능을 통해 실제로는 3개 정도를 생성한다. 이는 속성에서 수집된 데이터 중 불필요한 부분을 걸러내고 필요한 데이터만 빠르게 정제해 보기 위함이다. 중요한 점은 자사에 어떤 데이터가 필요한지 미리 구상한 후 보기 탭을 생성해야 한다는 것이다.

5.
넘치는 공급, 부족한 수요
딜레마를 해결하라

제품 공급을 위한
프로세스 SCM

SCM(Supply Chain Management, 공급망 관리)은 '고객, 개발, 마케팅, 생산, 구매, 물류, 부품 공급업자 등 전숲 Supply Chain 상의 재화, 정보, 프로세스를 동기화시켜 통합적으로 관리하고 효율을 추구하는 총체적인 활동'이라고 정의할 수 있다. 고객이 원하는 때에 원하는 상품을 원하는 양만큼 제공하여, 경영 성과를 극대화하도록 기여하는 핵심 경영 활동인 셈이다.

내가 L반도체에서 해외 영업 마케팅 총괄 임원을 하던 때의 에피소드 하나를 소개한다. 그때 대표 이사로 계셨던 분이 제판(제조 판매) 회의를 주재하다가 농담조로 하셨던 말씀이 있는데, 그게 SCM과 물류 관리(CPFR, VMI, 안테나 숍 등)의 핵심이라고도 볼 수 있다.

"너희 영업하는 녀석들은 언제나 재고가 철철 남아 있는 것은 안 팔고, 꼭 모자라는 것만 더 달라고 난리냐!"

당시만 해도 나는 엔지니어 경력을 거쳐 영업만 했을 때라, 당연히 인기 있는 것은 잘 팔리니까 모자라고 인기가 없는 것은 재고가 남을 수밖에 없지 않을까 싶었다. 그런데 지금 생각해 보면 이런 일이 발생하지 않도록 관리할 수 있는 방법이 충분하다. 단순히 말해 수요 단계에서 정확한 수요 예측이 되고, 부품 구매에서 생산 및 출하와 나아가 물류망(육상, 해상, 항공)을 통한 단시간 공급까지 가능한 체계가 갖춰져 있으면 되는 것이다. 그렇게 되면 안 팔리는 물건의 재고도 남지 않고, 잘 팔리는 물건은 설령 초반 판매 예측이 틀렸더라도 신속하게 공급되어 이런 일이 발생하지 않을 것이다. 요즘 같은 시기에는 비록 신속하게 제품 출하가 되어도, 해외 수출 상품의 경우 배나 항공기에 자리가 없어 공급하지 못하는 경우도 많다.

이렇듯 SCM은 기업의 경영 활동에 있어 필수불가결한 핵심 역할을 담당하고 있다고 볼 수 있다. 상품 수요 예측부터 소비자에게 인도하기까지 공급 사슬상 부가 가치를 창출하는 영역이다. 이러한 SCM 경영 활동을 통해 회사는 고객 납기 준수, 단납기 대응을 포함해 고객이 요구하는 서비스 수준을 잘 대응함으로써 고객 만족을 실현하고, 회사의 설비 등 물적 자산과 인적 자원을 최대한 효율적으로 활용하여 경영 성과를 극대화한다. 여기에서 보다 효율적인 SCM 활동을 하기 위해서는 다음과 같은 경영 요소들을 고려해야 한다.

첫째, 고객과 공급자 간의 공급 제약 상황을 고려하여 지킬 수 있는 계획을 세우고, 합의된 납기 일정은 반드시 준수하여 상호 간의 공급 신뢰성을 확보해야 한다.

둘째, 고객·시장 환경의 변화에 능동적으로 대응하기 위해 SCM 리드타임을 단축하여 수요 변동에 대한 대응력을 높인다.

셋째, 고객이 요구하는 서비스 수준을 만족시키면서, 공급 업자와 고객 모두 재고 비용, 물류 비용 등 공급망 비용을 최소화한다.

SCM은 사실상 우리 주변에 갖춰져 있는 모든 경제 활동의 핵심이라고도 볼 수 있다. 글로벌 공급망과 이에 따른 운영 기술을 효율적으로 갖춰야만 예측할 수 없는 다양한 변수 속에서도 최대한 안정적인 프로세스를 관리할 수 있다.

1단계 : 내부 계획을 통한
SCM의 안정성 확보

"핵심 고객사의 요구 납기 일정을 맞추지 못해 최근 주문 물량이 급격히 감소하고 있어 걱정입니다. 이 때문에 영업 부서와 생산 부서가 대립 관계에 있고, 감정의 골이 깊습니다. 고객 신뢰 관계에도 심각한 영향을 끼치고 있습니다. 영업 부서와 생산 부서가 어떻게 일해야 납기를 잘 맞출 수 있을까 고민입니다."

최근 컨설팅을 했던 F사 대표의 하소연이었다. 이는 많은 회사에서 겪는 고민일 것이다. 고객에게 이미 약속한 납기 일정을 맞추지 못하는 탓에 고객이 실제로 판매에 차질을 겪게 되고, 클레임이 들어오며 사업상 신뢰 관계가 깨지는 경우가 적지 않다.

이러한 상황이 생기는 이유는 일단 회사 내부적으로 고객이 요청한 납기 일정을 맞출 수 있는지 제대로 된 점검이 이루어지지 않기 때문이다. 보통 영업 및 마케팅 부서에서는 '고객이 요구하는 일정은 무조건 맞춰야 한다'고 주장하지만, 생산 부서에서는 '상호 협의 없이 일방적으로 납기를 지정하여 강요하면 맞추기 어렵다'고 토로하며 각자의 입장을 내세운다. 각 부서마다 역할이 있고, 또 업무 목표도 다르기 때문에 각기 다른 목소리를 내는 것은 어쩔 수 없는 일이다.

그러나 고객과 신뢰 관계를 유지하고 경영 성과를 극대화하기 위해서는 부서 간에 소통하는 방식과 일하는 프로세스에 대해 면밀히 들여다보고 개선을 위해 필요한 조치를 취해야 한다. 첫째로, 모든 부서가 회사 목표에 대한 공동 인식을 갖는 것이 중요하다. 둘째, 판매 계획과 생산 계획을 수립할 때는 현실적인 제약을 고려하여 실현 가능한 계획을 세운다. 셋째, 판매 계획과 생산 계획대로 SCM을 실행하는 체계를 구축한다.

이를 바탕으로 SCM을 제대로 수행하기 위해서는 우선 회사 내부적으로 여러 부서 간 계획을 일치시키고 계획과 실행을 통합하는 기본 역량을 갖춰야 한다. 즉 SCM의 안정성reliability을 확보해야 하는 것이다. 그 일환으로 회사 내부 부서 간 SCM 계획 및 실행의 통합 과정에서 적용할 수 있는 대표적인 운영 프로세스는 다음과 같다. 간단한 그림을 통해 구조를 파악하고 참고해 보자.

S&OP 프로세스/생산·판매의 동기화

부품 공급 업체 ⟷ 개발 구매 생산 영업 마케팅 물류 ⟷ 고객사

SCM 단계별 확장 전략 및 주요 Process

2단계 : 이해관계자 협력을 통한
외부 통합과 확장

회사 내부적으로 SCM 계획과 실행의 통합 역량을 어느 정도 확보하고 나면, 고객과 납기를 약속할 수 있는 기본적인 공급 신뢰성을 갖추었다고 볼 수 있다. 이제는 시장 환경에 능동적으로 대응하기 위한 SCM 확장이 필요하다. 전체 공급망supply chain상 회사의 외부에 있는 고객과 부품 공급업자와의 적극적인 협력을 통해 능동적인 수요 견인 활동을 하는 것이다. 이러한 과정은 SCM 실행의 2단계인 '외부 통합' 단계로의 확장을 의미한다.

외부로의 SCM 확장을 위해서는 이해관계자 간의 협력이 중요하다. 회사는 본질적으로 축적해야 할 핵심 역량을 향상하는 데 집중하면서, 외부의 고객 및 부품 공급업자와의 협력을 통해 외부 자원도 효율적으로 활용하기 위해 노력해야 한다. 기업 간 정보와 데이터의 연결성, 가시성을 공유하여 수요 계획과 공급 계획을 함께 수행하는 체계로 발전하는 것이다. 상호 간 의사소통을 활발히 하고 협업 프로세스를 통해 수요의 불확실성을 최소화함으로써 계획의 변동성을 줄일 수 있다.

대부분의 기업에서 나름대로 SCM을 수행하고 있을 것이다. 보통 수출을 처음 시작한 기업의 경우에는 자사의 SCM과 물류 역량보다 고도의 제품 공급 능력을 필요로 하는 업체와의 거래는 우선 뒤로 미뤄두게 된다. 그리고 우선은 거래선에서 물량 예측치를 알려준 뒤 그때그때 필요한 신용장Letter of Credit을 열어주는 방식으로 거래를 진행하게 될 것이다.

내가 한국 종합상사에 근무하던 80년도 초반에도 이러한 거래가 대부분이었다. 다만 여기에서 문제는 거래선의 구매 예측치가 얼마나 정확한가, 또 그 거래선이 예측치에 대해서 얼마나 책임을 지는가 하는 점이다. 대부분 거래선에서는 판매할 물건이나 생산할 부품이 부족한 경우를 막기 위해서 구매 예측치를 다소 부풀려주는 경우가 많다. 그런데 나중에 그 제품이나 부품이 잘 안 팔리는 경우에는 갑자기 예측치를 변경하고 책임을 회피하는 일이 대부분이었다. 이때 이미 만들어진 제품이나 생산을 위해 들여온 부품이 다른 곳에 팔리거나 쓰이지 못하면 심각한 재고 문제로 이어진다.

따라서 전적으로 거래선의 구매 물량 예측치에만 의존하는 것이 아니라, 거래선의 판매 추이를 같이 알고 공동으로 거래선의 구매 및 자사의 생산 계획을 수립하려는 노력이 필요하다. 그렇다면 이러한 협력 활동에 있어 중요한 몇 가지 프로세스를 살펴보자.

- **CPFR** Collaborative Planning Forecasting & Replenishment

B2B 거래선에 대한 대표적인 협업 활동으로는 CPFR이라는

시스템을 꼽을 수 있다. 원래 처음에는 미국의 대형 유통업자들이 물건이 없어서 못 팔게 되는 기회 손실을 줄이고자 구매자 입장에서 시작한 것인데, 공급자 입장에서도 필요한 제도다. CPFR이라는 용어는 협력Collaborative, 계획Planning, 수요 예측Forecasting, 재고 보충Replenishment을 의미한다. 유통업자와 제조업자가 공동으로 수요에 대한 예측력을 높이고 재고와 결품을 최소화하기 위해 협력 활동을 하는 시스템이다. 이때 실제 판매 정보와 유통 재고 데이터를 공유하여 공동으로 판매량을 예측한 후, 적정 판매량을 합의한다. 그리고 주문 관리, 상품 보충, 생산 계획까지 상호 협력적으로 수행해 가는 것이다.

하지만 이 경우에도 거래선으로부터 실판매 정보를 받아야 하는 상황이라면, 그 정보가 얼마나 신속하게 모여서 CPFR을 위해 제공되느냐 하는 이슈가 있다. 내가 미국 Verizon사와 거래할 당시에도 아직 CPFR을 하고 있지는 않았지만, 현 시점에서의 판매 현황 파악이 어려운 문제가 있었다. 각 매장의 판매 정보를 모아서 자체적으로 점검, 분석한 뒤 우리에게 구매 예측치로 전달되어야 하는데, 대기업 특성상 여러 결재 과정을 거치다 보니 상당히 늦어지는 듯했다.

그래서 그 거래선의 실판매 현황을 가장 잘 대변해 주는 안테나 숍 몇 군데를 골라서 실판매 현황을 수집, 분석하여 거래선과 공유하고 생산 계획 및 부품 조달 계획을 세웠다. 이러한 안테나 숍에는 회사 세일즈맨들이 들러서 자사 핸드폰의 판매 현황, 주요 경쟁사 핸드폰의 판매 현황과 판매가, 세일즈 프로모션 행사 여부, 주로 구매하는 고객의 연령층과 특징 등을 조사한다. 미국에는 이러한 일을 자사 인력 대신 수행하는 Merchandising 회사도 많다. 안테나 숍의 관리는 비단 재고 문제만 연관된 것이 아니라, 재고가 없어 판매하지 못하는 기회 손실도 막아줄 수 있다. 향후 판매가 잘될 것으로 예상된다면 재고 수준을 파악하고 생산 시 필요한 장납기 자재를 미리 확보하는 등의 조치가 필요하다.

내가 모바일 핸드폰 해외 영업의 총 책임자 시절, 신규 핸드폰 출시 후 안테나 숍을 통해 소비자 반응과 판매 현황, 경쟁사 동향 등을 살펴볼 때 대략 3개월이면 추후 판매 예측치를 대략 예상할 수 있었다. 그런데 문제는 발주 후 납기가 6개월 이상 걸리는 장납기 부품이 사용되는 경우였다. 판매 추이를 보고 판매량이 급성장할 것 같아 생산량을 늘리려 해도, 이 부품이 제때 공급되지 않으면 생산이 어려울 수 있기 때문이다. 그래서 일단 최소 물량으로 9개월치를 예측하고 6개월분 확정 오더를 구매해 부품 공급업자에게 줄 수 있도록 허용했다. 그리고 실판매 3개월 후 안테나 숍의 판매 추이와 고객과의 CPFR과 유사한 협의를 통해 증산을 할지, 아니면 있는 재고를 소진하고 단종할지 등을 결정했다.

판매가 잘 되어서 증산을 할 때도 장납기 부품에 대한 주문은 자칫하면 6개월 이상의 부품이 재고로 남을 수 있기 때문에, 판매 제품의 수명 주기를 항상 생각해야 한다. 그래서 판매 추이가 정점을 찍고 하락하기 시작하면 예상 판매량을 보다 보수적으로 잡고 조금 일찍 단종하도록 했다. 이것이 불필요한 재고를 남기지 않는 최선의 방법이었다. 내가 제품 설계의 책임자는 아니었지만, 담당자에게 이러한 장납기 자재의 사용은 최대한 피하고 꼭 사용해야 하는 경우는 다른 제품에도 사용 가능한 것으로 해서 불용 재고가 남지 않도록 부탁하기도 했다. 이는 핵심 고객 관리에 있어 고객과의 개인적인 유대 강화를 넘어, 자원의 공동 활용과 양사의 활동 강화 차원으로도 확장할 수 있는 부분이다.

결론적으로 유통업자와 제조업자 간 CPFR의 대표적인 프로세스로는, 먼저 각 사의 전략과 사업 계획에 대한 정보를 교환하여 공동의 판매 예측을 준비한다. 이 과정에서 판매 채널과 매장별 공동 판매 목표, 재고를 고려한 공동 프로모션 계획 수립, 가격 운용 전략 등을 함께 수립하게 된다. 가전이나 핸드폰 등 계절적 수요가 있는 상품은 총 판매 실적의 약 70~80%가 해당 기간에 판매되므로, 판촉비나 광고비 부담 수준 및 물량, 가격 운영 정책 등의 공동 프로모션 운영 계획에 대해 협의하는 것이 매우 중요하다.

또한 유통업자가 POS(매장 판매 시점 관리) 시스템을 통해 얻게 되는 최종 소비자 대상 실판매 자료를 활용해서 판매 예측을 한다. 판매 예측에는 판촉 행사, 날씨, 신제품 출시, 반품 정보, 고객 정보 등을 활용하게 되고, 또 허용 오차를 벗어나는 상품 모델을 가려내는 것도 포함한다. 이렇게 양 업체 간의 긴밀한 의사소통을 통해 수요 변경사항은 즉시 공유하여 예측에 반영해야 한다. 이 과정에서 양 업체 간 실판매 데이터 기준으로 프로모션 기간 동안의 모델 아이템별 판매, 공급 데이터 간 연관성을 측정할 수 있는 상관 계수에 대한 알고리즘을 만든다. 그래서 미팅 시 데이터 분석 기반으로 협의를 진행하면 상호 간 수요 예측 수준의 정확도를 높일 수 있다.

Verizon과 CPFR없이 거래를 했을 때는 L사 본사의 경우 회사 내부의 SCM 혁신 활동으로 납기 준수율은 조금씩 향상되고 있었으나, Verizon의 시장 점유율 측면에서는 크게 변화가 없었다. 그런데 Verizon사와 CPFR을 통해 협업했던 결과를 보면, 납기 개선뿐만 아니라 Verizon의 소비자 시장 점유율 상승과 같은 실제적인 효력을 확인할 수 있었다. 특히 고무적인 것은 CPFR의 활용도가 진행될수록 자사 제품의 시장 점유율도 동반 상승하는 효과를 나타냈다는 것이다. 결과적으로 Verizon사 내에서 자사의 Vendor Share가 50% 이상 점유되는 큰 성과를 거두게 되었다.

• Sell-out 기반 유통 PSI 관리

내가 L사에서 영업 담당 부사장을 맡던 시절에 제품 중 C모델이 대박이 나면서 시장에 충분한 물량을 공급하기 어려워졌다. 중동이나 아시아 지역의 거래선들도 이런 상황을 알고, 충분한 물량 공급을 받기 위해서 실제 수요를 초과하는 가수요로 주문을 넣어 왔다. 이로 인해 상품 딜리버리를 하는 마지막 공급 단계에서 구매 취소 및 구매량 감소가 들어와 재고 문제로 골치가 아팠던 적이 한두 번이 아니었다.

실제로 공급 사슬상에서 이런 문제가 발생하는 것을 흔히 볼 수 있다. 이를 채찍 효과Bullwhip Effect라고 하는데, 공급 사슬의 참여 주체를 하나씩 거쳐 전달될 때마다 상품에 대한 수요 정보가 계속 왜곡되는 것을 의미한다. 이 현상이 반복되고 증폭되면, 자사는 거래선이 주는 주문을 받은 대로 생산 능력을 확장하고 생산 가동을 위해 자재나 부품 발주를 하게 된다. 주문량 대응을 위해 모든 것이 준비된 상황에서 거래선이 막상 실수요만큼 주문량을 감소시키면, 과잉 및 불용 재고가 발생하고 자연히 경영상 손실로 이어진다. 뿐만 아니라 생산, 창고, 운송과 관련된 과도한 비용이 발생되며, 이러한 상황이 공급 사슬을 통해 확산되면서 협력업자들에게도 악영향을 미친다.

이러한 공급 사슬상의 채찍 효과를 최소화하기 위해서는 유통 경로에 있는 모든 주체들이 정확한 실제 판매 정보를 파악하고 공유 및 분석할 필요가 있다. 그래서 수요 및 공급에 관한 불확실성을 최대한 감소시키는 것이다. 제조사가 유통 거래선의 채널을 활용하여 간접적인 영업 활동을 할 때, 소비자 접점의 실제 판매 기반 수요 예측을 통해 시장의 가시성을 확보하는 것이 중요하다. 이를 위해서는 먼저 유통에 있는 재고도 자사의 재고로 인식하여 관리하는 체제로 전환해야 한다. 유통사가 실제 수요도 없는데 단기 매출 계획을 달성하기 위해 밀어내기 식으로 수요를 늘리는 경우, 가격 보상이나 반품 처리에 대해 결국 제조사가 부담할 수밖에 없다.

앞서 수요와 공급에 동기화가 필요하다고 했듯이, 유통 재고를 파악하면 가수요를 최소화하면서 시장에 팔리는 대로 유통 판매와 구매 계획을 수립하게 된다. 이를 위해서는 GfK처럼 비즈니스 관련 데이터를 수집·판매하는 기업에서 유통 실제 데이터를 구매하여 시장 단위, 거래선 단위로 판매 예측력을 높이도록 활용하는 방법이 있다. 소비자 접점의 실제 판매 데이터를 활용하여 채널 P.S.I를 만드는 것이다. 즉 유통 내 모델 아이템별로 유통 판매 실적Sales, 유통 재고 수준Inventory, 제조업체로부터 입고 실적Purchase을 정리하여 거래선과 정기적으로 공유하면서 수요 예측의 정확도를 높일 수 있다. 이렇게 유통 채널에 대한 정보의 예측력이 높아지고 한편으로는 유통 거래선과 TMMTop Management Meeting 미팅을 통해 더욱 밀접한 전략적 파트너십을 구축할 수 있을 것이다.

• VMI

도요타 자동차의 JIT Just-In-Time는 lean operation의 대표적인 방법이라고 할 수 있다. JIT는 '적기 생산 방식'이라고 하는데, 재고를 쌓아두지 않아 필요할 때 적기에 제품을 공급하는 생산 방식이다. 즉 다품종 소량 생산 체제의 요구에 부응하고, 적은 비용으로 품질을 유지하면서 즉시 제품을 인도하기 위한 공급 방식이라고 보면 된다. 이렇게 원가 절감, 적시 공급 등 철저한 낭비 제거 사상에 기반을 두고 있는 JIT 방식을 확장한 개념이 바로 VMI Vendor Managed Inventory다. 공급업자와 구매업자 간의 협력에 중점을 두면서 발전된 방식이다.

VMI는 자재 공급업자가 제조업자에게 납품한 자재가 실제 생산에 투입되기 전까지 공급업자가 관리하거나, 혹은 제조업자가 유통업자에게 공급한 상품이 최종 소비자에게 판매되기 전까지 제조업자가 관리하는 것을 의미한다. 이를 통해 얻는 효과는 재고를 감축시키고, 생산 또는 시장 공급 대응력을 높이는 것이다.

VMI에는 생산자 직접 재고관리 방식과 공급자 재고관리 방식이 있다.

- 생산자 직접 재고관리 방식

통상 유통업자가 제조업자에게 필요한 물품을 주문하는 것과 달리, 유통업자가 제공하는 판매 채널별 판매 정보와 재고 정보를 기반으로 제조업자가 적정 안정 재고 수준만큼을 후보충해 주는 방식을 말한다. 안정적인 상품 공급으로 과잉 재고와 결품을 방지할 수 있는 방법이다. 이를 위해서 유통업자는 공급업자에게 모델 아이템 단위로 수요 계획, 실제 판매 실적, 판촉 활동 계획, 가격 운용 계획 등 수요와 관련된 정보를 비롯하여 매장이나 권역별 창고의 재고 수준 등에 대한 정보를 제공해야 한다. 이러한 정보에 근거하여 고객사와 제조업자가 같이 수요 계획과 후보충 계획을 수립하게 된다.

- 공급자 재고관리 방식

제조업자의 창고 관리를 자재/부품 공급업체가 대신 관리하는 방법이다. 이를 통해 제조업자는 자재 및 구매 관리에 필요한 인건비와 재고 비용을 절감할 수 있고, 장기 계약을 통해 안정적인 자재/부품 공급 물량 확보가 가능하다. 자재/부품 업체의 경우에도 제조업자의 생산과 물류 운영에 대한 이해력이 높아지면서 장기적 관점의 협력과 파트너십을 구축할 수 있다. 다만 성공적인 VMI 운영을 위해서 제조업자는 다음과 같은 몇 가지 선결 조건을 갖추어야 한다.

- 자재 코드가 표준화되어야 하고 자재 창고의 재고 정보도 정확해야 한다.
- 생산 계획과 실적이 IT 시스템으로 구축되고 공유되어야 한다.
- 제조업자는 유통 채널상 실제 판매 정보를 자재 공급업자에게 제공하여, 판매 트렌드에 따른 자재/부품 공급이 가능하도록 한다.

VMI의 효과가 제대로 작동하기 위해서는 자재와 상품을 공급받는 구매업자가 흔히 이야기하는 갑질 횡포를 하지 않고, 양사 간에 합의된 재고의 소유권 이전 원칙을 지킨다는 약속 이행이 선결되어야 한다. 양사 간 신뢰를 지키려는 협업과 파트너십을 통해 상호 Win-Win을 할 수 있는 것이다.

또한 최근의 지역/국가 간 무역 전쟁, 반도체 공급 파동, 예기치 않은 전쟁과 소요 등으로 생산과 판매에 차질이 발생할 소지가 많아졌다. VMI 방식을 도입하더라도 필요 시에는 전략적 자재 및 상품 재고 비축, 전략적 자재/부품 소싱처의 다각화 등 조달 유연성에 대한 대안을 마련해야 한다는 것도 간과해서는 안 될 것이다.

단종 및
불용 재고 관리

내가 일했던 반도체 산업의 경우는 장납기 부품의 납기 외에도 양품 수율과 생산 리드타임을 관리하는 것이 중요했다. 반도체의 경우 실리콘이나 요즘은 질화 칼륨 같은 소재로 된 웨이퍼에 여러 가지 화학적 공정을 거쳐 필요한 불순물을 주입해 만들어진다. DRAM과 같이 단일 제품을 계속해서 생산하는 경우엔 통상 95% 이상, 나중에는 거의 100%에 이르는 양품 수율이 나오게 된다. 하지만 가끔씩 ASIC와 같은 주문형 반도체 제품을 생산하게 되면 수율이 아주 낮다. 그래서 납기에 맞춰 주문량을 공급하기 위해서는 낮은 수율로 예상을 잡아 생산을 하고, 생산 후 수율이 높아져 많은 제품이 나오게 되면 잉여 재고가 발생한다. 만약 원래 원가에 낮은 수율까지 감안하여 계약하고 판매하는 경우라면, 이 재고는 다른 곳에 당장 팔 수 없으면 폐기하는 것이 낫다.

복잡한 광학 처리와 화학 과정을 거쳐 만들어지는 반도체 제품의 경우, 수 주일 정도의 생산 리드타임이 필요하다. 따라서 계속적으로 추가 주문이 있는 경우는 거래선의 갑작스러운 증산 요청에 대응하기 위해 적정 재고를 가져가야 할 수도 있고, 만약 거래선에서 증산 요구가 없다면 불용 재고로 남을 수도 있다.

시장 반응을 보면서 잘 팔리는 제품은 신속하게 생산 물량을 늘리고, 장기간 판매가 부진한 제품은 빠르게 생산 단종을 시켜야 한다. 특히 반도체, 카메라 센서 등 주요 핵심 부품은 수 개월 전부터 공급자들과 물량을 협의하고 확정해야 공급받을 수 있기 때문에 시장 예측, 매출 계획, 자재 조달 계획 그리고 생산 계획 등에 신속하고 정확하게 반영할 수 있어야 한다.

아울러 모델 아이템별로 정기적인 손익 구조를 분석해 나갈 필요가 있다. 이익률이 회사의 최소 기준을 넘지 못하는 모델 아이템에 대해서는 습관적으로 생산, 판매하기보다 단종에 대해서도 과감하게 의사 결정을 해야 한다. 지속적으로 모델 아이템별 손익 관리를 하지 못하면 모델 수는 늘어나는데 회사의 채산성은 악화되기 때문이다.

영업/마케팅 부서는 SCM의 최전방에 있다. 시장과 고객에 가까운 접점에서 수요를 창출하고 예측하며 상품을 고객에게 판매하기까지 회사의 부가가치를 만들어 가는 주체라고 할 수 있다. 영업/마케팅에서 고객과 수요공급 프로세스를 주도하여 관리하고 부서 간 소통을 원활하게 하면, 상당 부문에서 단종 관리를 효율적으로 해낼 수 있다. 궁극적으로 회사와 부품 공급업자의 경영 손실을 최소화하는 데 기여할 수 있는 것이다.

SCM 역량을 높인
구체적 사례

실제로 SCM 역량을 높이고 잘 활용하고 있는 업체들은 어떻게 SCM을 계획하고 실행할까. SCM 관련 글로벌 최상위권에 있는 구매자인 애플과 델, 자라 그리고 공급자로서 상위권에 있는 펩시 그룹 산하의 프리토레이의 SCM 사례다.

• 애플 Apple

최근 코로나 상황으로 인해 전 세계 물류망이 여러 혼란과 어려움을 겪고 있다. 하지만 미국의 SCM 관련 리서치 업체인 AMR 리서치의 평가에 따르면, 2007년 이후로 애플은 수년간 SCM 역량에서 1위를 차지하고 있다. 한국의 삼성전자나 LG전자 같은 업체들도 과거에는 PC용 모니터부터 최근에는 모바일 기기용 LCD 판넬, 메모리, 디바이스 등의 부품 거래를 활발하게 하고 있는데, 애플의 차별화된 SCM 역량은 무엇일까.

애플은 혁신적인 제품으로 시장을 선도하면 어느 정도 수량까지는 판매 가능하다는 자신감을 기반으로 생산 계획 변동을 최소화하는 안정적 공급 운영 전략을 펼치고 있다. 애플이 사내에서 크게 비중을 두고 있는 조직 부분은 3가지다. 첫째는 소비자의 내면에 있는 욕구까지 포함하여 그들이 무엇을 원하는지 연구하고 신상품 기획을 하는 제품 마케팅 그룹, 둘째는 이렇게 기획된 제품에 대해 하드웨어 구성과 소프트웨어 설계 등 실제 개발을 진행하는 그룹, 그리고 셋째는 설계된 제품을 공급하고 조달하는 그룹이다.

내 경험에 의하면, 애플은 주요 반도체나 LCD 판넬 등은 직접 구매하여 생산 업체(주로 세계 최대의 전자제품 위탁 생산 업체인 폭스콘을 사용)에 조달한 뒤 최종 완제품을 다시 조달받는다. 애플의 현 CEO인 팀 쿡도 구매와 물류 SCM 전문가 출신이다.

애플은 자체 생산을 하지 않는다. 따라서 해외 생산지에서 전 세계 매장에 제품을 공급할 때, 판매 기회 손실이 생기지 않고 불량 재고도 최소화할 수 있도록 차질 없는 공급이 매우 중요하다. 애플은 SCM의 경우, 생산 리드타임을 최소화하고 뛰어난 제품 기획 역량으로 소비자가 원하는 제품을 적기에 출시하도록 했다. 출시 초기에는 매장에 제품이 약간 부족하더라도 소비자가 타사 제품을 사지 않고 기다리도록 유도하면서 오히려 소비자 기대치를 끌어올렸고, 제품 판매 끝자락에도 불용 재고가 남지 않도록 잘 처리하고 있다. 생산 리드타임을 줄이기 위해 폭스콘처럼 우수한 위탁 생산 업체를 이용하고, 구매 예상 수량의 변화를 최소화했으며 특히 한 달간 생산 물량을 확정시켰다.

L전자에서 해외 마케팅을 총괄하던 당시, 영업과 구매 생산이 모여 회의를 하면, 서로의 계획과 실제 결과의 차이 때문에 회사

실적에 차질이 발생했다고 소위 핑거 포인팅(책임 전가)를 하기가 다반사였다. 그래서 내가 내린 극약 처방은 애플의 전략을 참고한 것이었다. 영업의 판매 예측치는 애플처럼 무조건 한 달간 확정 물량으로 처리하도록 하고, 구매와 생산도 이에 따라 작업하여 납기를 맞추라고 한 것이다.

그러다 보니 각 법인지사의 영업력이나 영업 협상력의 부족으로 해당 달에도 영업 예측 물량 차질이 계속 발생했다. 이 차이로 발생한 재고는 창고 내 별도 공간에 영업 담당 창고라는 명칭을 붙여 보관했다. 그리고 소위 '재떨이(재고 떨이의 약자 개념으로, 재고 전담 판매 조직)' 부대를 만들어서 그 부서는 오롯이 재고 판매에만 전념하게 했다. 우선 각 지사 간 판매를 점검하고, 그 다음은 통신 사업자 외에 시장의 일반 유통업체를 통해 필요하면 가격 할인을 해서라도 재고를 처분하도록 했다. 그리고 판매 예측을 못해서 재고를 처리하는 과정에서 생긴 손익은 그 해당 법인 지사에 귀속하도록 해서 판매 예측 정확도를 올려 나갔던 경험이 있다.

이처럼 애플의 사례를 통해 보다 안정적인 SCM의 실행을 참고할 수 있는데, 근본적으로 애플의 강한 SCM 역량의 원천은 남들과 차별화된 강한 제품 경쟁력에서 온다고 볼 수도 있다.

보통 유명 패션 브랜드는 소비자의 유행 트렌드를 읽고 연간 1~2회 정도의 패션쇼 등을 통해 미리 제품을 준비하여 출시한다. 요즘은 소비자의 기호 변화가 워낙 빨라서 연간 3~4회 신상품을 기획해 출시하려는 경향이 있다.

자라는 앞서 살펴본 애플이나 타 유명 패션 브랜드처럼 소비자의 기호를 미리 파악해서 제품을 기획하기보다는, 철저히 각 매장에서의 실판매 데이터에 기반해 상품을 기획하고 신제품을 출시한다. 전 세계 5천 개 이상의 매장을 운영하기 때문에 여기에서 수집되는 데이터를 바탕으로 신제품을 기획하는 것이다. 상품 기획에서 매장에 제품이 진열될 때까지는 2~3주밖에 걸리지 않는다. 이는 강력한 SCM 역량에 기반한 업무 프로세스가 받쳐 주기 때문이다. 물류회사 대표를 하던 당시 들었던 말로는, 명품 패션 브랜드인 버버리와 자라를 비교했을 때, 자라가 버버리에 비해 물류 비용을 10배 더 쓰는데 영업 이익도 버버리에 비해 10배가 더 높다는 것이었다.

이는 자라가 전 세계 매장으로 제품 공급을 할 때 전부 항공 운송을 이용하기 때문이다. 자라는 제품 생산 공장을 스페인에 가지고 있다. 주요 원자재는 해운을 통해 공급받지만, 제품은 스페인 공장에서 생산해 100% 항공을 통해 전 세계 매장으로 보내진다. 각 매장별로 제품 5개 정도를 보내서 판매하고, 더 필요한 물량은 안 팔리는 매장의 물건을 활용해 재고 처리를 하며 추가 생산은 하지 않는다. 그래서 자라 매장에서 마음에 드는 옷이 있는데 다음에 사야겠다고 생각하고 미뤄 두면, 며칠 후에 제품이 이미 없는 상황이 생기는 것이다.

자라는 광고는 거의 하지 않지만 약 2주마다 진열 제품과 인테리어 등에 변화를 주려고 노력한다. 빠른 제품 출시 역량을 위해서 자라는 60% 정도의 제품을 자체 생산하고 원단의 40% 정도도 직접 제조해서 계열사를 통해 염색 후 빠르게 공급한다. 이러한 빠른 출시 능력 덕분에 영국의 다이애나 황태자비가 사고로 사망하고 유럽 내 추모의 물결이 확산될 때, 가장 먼저 검은 원단의 여성 의류를 다량 공급함으로써 소비자 수요를 발 빠르게 맞출 수 있었다.

일련의 빠른 SCM을 가능하게 하는 핵심 역량은 IT 시스템 활용 덕분이다. 전 세계 매장에 마련되어 있는 POS 시스템을 이용해 본사로 전달되는 자료를 토대로, 디자인과 생산을 위한 자재 공급, 생산 후 출하 물류 시스템이 끊임없는 톱니바퀴처럼 맞물려 돌아간다. 덕분에 발 빠른 대응이 가능해진 것이다.

● 델 Dell

델은 애플과 자라의 강점 역량을 혼합한 케이스라고 할 수 있다. 애플은 소비자의 숨은 욕구까지 철저히 분석한 상품 기획을 통해서 판매에 자신감을 가지고 생산에 큰 변동 없이 빠른 공급 물류를 이루어 냈다. 자라는 실제 매장에서 판매되는 제품의 POS 데이터에 의해 한정된 재고 수량을 항공 운송으로 빠르게 출시했다. 그리고 델은 소비자의 주문을 받고 나서 신속하게 생산하여 공급하는 시스템을 갖추고 있다.

이를 위해서 델은 제품 라인업을 범용적인 제품으로 제한한다. 그리고 PC의 주요 구성품인 마더보드, 키보드, 메모리 모듈, 모니터 등을 VMI(공급자 책임 재고)로 가지고 있다가 소비자의 주문이 들어오면 즉시 생산하여 공급한다. 즉 불용 재고가 생길 수 없는 시스템이다.

델의 경쟁력은 애플 같은 제품 경쟁력이 아니라, 범용 제품을 얼마나 빨리 얼마나 저렴하게 공급하느냐에 있다. 즉 대량 생산에 의한 구매 협상력을 가지고 범용 제품을 값싸고 빠르게 공급하는 사업 운영 능력이 회사의 핵심이다. 델은 소비자가 자사 홈페이지에 접속하여 주문을 하면, 미국의 UPS 등의 배송 업체를 통해 직접 배송하여 중간 유통 단계가 취하는 마진을 없애 버렸다. 이로써 비용도 줄이고 공급 리드타임도 줄일 수 있었다.

델은 주문이 들어오면 자재 재고가 있는 제품은 48시간 내에 공급하는 것을 기본으로 하고, 주문량의 90% 이상은 늦어도 3~5일 이내로 공급하도록 하고 있다. 이를 가능하게 하기 위해서 델 역시 강력한 IT 시스템을 기반으로 하고 있으며, '주문 없이는 생산하지 않는다'는 원칙을 공유한다. 자재 공급부터 생산, 출하 단계까지 자재 공급업체와 배송업체를 포함해 관련된 모든 조직원들이 동기화된 정보를 공유하며, 이 프로세스를 정형화한 'Playbook'을 바탕으로 운영한다.

델의 SCM 경쟁력을 들여다보면, 예전에는 전문가들이 주로 사용하던 PC가 일반 대중들도 쉽게 구매하고 사용하는 익숙한 제품이 되어가는 과정에서 기인한다. 많은 소비자들이 믿을 만한 브랜드이면서 가격 경쟁력이 있는 PC를 찾고 싶어 했고, 델은 그 욕구에 빠르게 부응했다. 범용적인 PC의 기본 부품을 가지고 있다가 소비자의 요구에 따라 즉시 생산하여 중간 유통 단계도 거치지 않고 직접 전달하는 사업 프로세스를 통해, 대량 생산에 따른 구매 경쟁력을 갖추고 고정비 분산에 의한 원산 절감 효과도 얻을 수 있었다.

- ● **프리토레이** Frito-Lay

펩시는 콜라 외에도 식품류 판매와 체인 레스토랑 사업을 하고 있다. 그중 펩시 그룹 산하에서 식품류를 취급하는 프리토레이는 미국의 대형 유통업자인 월마트와의 거래에서 공급처의 능동적 후보충 방법을 사용했다. 식품류는 신선도가 생명인 만큼, 신선도가 떨어진 재고가 매장에 남아 있으면 자사의 이미지가 손상될 수 있다. 따라서 주문처의 주문에 의존하지 않고 알아서 능동적으로 제품을 후보충하는 방법을 사용한 것이다.

프리토레이는 개인 사업자인 드라이버 트럭Driver Truck 1만5천 대와 계약을 맺어 자사 제품을 배달하도록 했다. 그리고 이들에게는 소형 핸드헬드 컴퓨터인 PDAPersonal Data Assistant 기기를 지급한 후, 트럭 기사들이 월 마트 등 전국 매장을 방문할 때 자사 제품의 판매 및 재고 현황, 경쟁사의 가격이나 판촉 행사의 내용 등을 실시간으로 입력하게 했다. 이를 바탕으로 자사의 전 공급 체인을 동기화시키면서 신속한 의사 결정으로 차질 없이 매장마다 제품을 전시, 판매하여 실제로 많은 성과를 거두었다. 이 제도를 도입한 뒤 매출이 28% 정도 더 증가했다고 한다.

이처럼 글로벌한 SCM 강자들은 그만큼 탄탄한 SCM 역량을 지니고 있다. 글로벌 강자를 꿈꾸고 있다면, 이러한 업체에 납품할 때 각 업체들의 SCM 역량에 대한 이해를 바탕으로 자사에 적합한 모델을 찾아야 한다.

결론적으로 SCM 역량에 대해 간단히 정리하면, 구매나 생산 등의 과정이 시장 변화에 얼마나 긴밀히 대응하는지가 핵심이다. 이를 통해 판매 기회 손실을 없애거나 최소화하고, 팔리지 않아 남게 되는 불용 재고도 최소화할 수 있는 능력을 갖추는 것이다. 그러기 위해서 시장 판매 상황을 IT 시스템 인프라로 관리하고, 이를 바탕으로 실시간으로 점검하면서 각 실무 부서가 사전에 정해진 규칙에 의해 움직여야 한다. 시스템을 통해 내용을 파악하며 알아서 자재를 발주하고, 생산 계획과 선적 계획을 짜고, 출하가 이루어지는 탄탄한 체계를 갖추어 가는 SCM 역량을 키워야 하는 것이다.

한계를
뛰어
넘어라

핵심 인재 관리

1.
성공하는 기업에
성장하는 인재가 있다

성장 가능성을 가진
핵심 인재

　좋은 인재를 만나고 모으고 싶은 것은 사실상 모든 경영자들의 바람이기도 할 것이다. 어떻게 인재를 모으고 육성시켜야 할까? 일단 인재를 뽑을 때 크게 신입 사원과 경력 사원으로 분야를 나눠서 생각할 수 있다. 신입 사원의 채용 경로는 주로 회사에서 모집 공고를 내거나, 대학교 취업 센터 등을 통해 추천을 의뢰하거나, 또 직원들의 추천을 받는 경우 등이 있다. 경력 사원의 경우에는 헤드헌터에게 비용을 주고 필요한 이력을 가진 인재를 알아보기도 하고, 혹은 마찬가지로 회사 직원들의 인맥을 통해 추천받기도 한다.

사실 경력 사원을 채용할 때 그 사람의 주된 역량을 파악하는 것은 비교적 어렵지 않다. 이력서나 면접 등을 통해 지금까지 일한 경력이 회사에 필요한 역량과 관계가 있는지 어느 정도 확인이 가능하고, 혹은 인성까지도 평판 조회 등으로 알아볼 수 있다. 하지만 신입 사원을 채용할 때는 이 2가지를 알 수 없다. 졸업한 학교의 전공 분야가 회사 업무와 관련된 분야인지 확인하거나, 학교 성적 정도만 참고할 수 있을 것이다.

지금까지 많은 신입 사원들의 면접을 봐왔지만, 개인적으로 가장 중요하게 본 덕목은 배우고자 하는 의지가 있는가 하는 점이었다. 아무리 명문 대학을 나오고 학업 성적이 우수하더라도 막상 회사에 입사하면 오히려 그 화려한 스펙만 믿고 업무를 익히는 데 소홀한 경우가 적지 않았다. 대신 스펙이 화려하진 않더라도 배우려는 의지가 충만한 직원은 입사 후에 대부분 성장하고 발전해 가는 모습을 볼 수 있었다.

문제는 배우려는 의지를 가지고 있는 직원을 어떻게 알아볼 수 있을까일 텐데, 사실 쉽지 않다. 면접장에 나오는 취업 준비

생들은 모두 면접관에게 잘 보이기 위해 훈련과 준비를 철저히 해 왔기 때문에 면접장에서의 태도만 가지고 그 사람을 파악하는 것은 어려울 수밖에 없는 문제다. 그렇다고 별다른 방법이 있는 것도 아니다. 다만 대기업은 인사 부서에서 면접관들에게 질문서를 나누어 주기도 하고, 질문 요령과 답변 태도를 바탕으로 그 사람의 인성이나 잠재력을 알아보는 방법을 교육하기도 한다. 이 자료는 중소기업의 경우 헤드헌터 등에게 요청하면 구할 수 있다. 요즈음은 인공지능을 활용해 도움을 받기도 한다. '마이다스아이티'는 자사 직원 채용에 활용하고 있는 인공지능을 다른 기업들도 활용할 수 있도록 아예 사업화하기도 했다. 회사에 따라서는 'MBTI'라는 성격 유형 검사 등 인성 검사를 활용하기도 한다. 입사 후 배치하고자 하는 부서의 업무에 맞는 성격, 성향인지를 알아보려는 것이다.

특히 경력 사원은 간부나 임원을 뽑는 경우도 있을 것이고, 이후에 간부로 성장하고 발전해 나갈 가능성도 염두에 두어 인재를 영입하는 일이 많다. 따라서 당장 필요한 업무에 투입할 수 있는 역량뿐만 아니라 향후 회사의 핵심 리더로 성장할 수 있는 역량까지 살펴봐야 한다. 가재산, 김기혁, 임철현 공저의《중소기업 인재가 희망이다》에서는 미래 리더로서 필요한 역량을 'SIMPLE'이라는 단어로 정리했다.

S : Strategy 전략 역량

I : Integration 통합 역량

M : Mobility 글로벌 역량

P : Presentation 발표 역량

L : Leadership 리더십

E : Ethics 도덕성

회사에서 당장 위의 역량을 모두 갖춘 인재를 뽑을 수 있다면 정말 좋겠지만 현실적으로는 그게 쉽지 않을 것이다. 그만큼 입사 후 교육을 통해 필요한 역량을 길러 핵심 인재로 키워 나가는 것이 오히려 더 중요할 수 있다.

좋은 인재를 유지하는 회사의 조건

내가 여태까지 만나본 중견·중소기업에서 대부분 공통적으로 느끼는 인사 관련 어려움은 바로 회사에서 신뢰하고 성장을 기대하는 직원이 어느 날 갑자기 퇴사를 통보하는 일이었다. 퇴사 이유는 다양할 수밖에 없지만, 본질적으로 회사에서 충족되지 않는 요인이 있어 불만을 느끼는 경우가 많다.

나도 물류회사나 해운회사 대표를 하기 전에 수십 년간 회사의 직원 입장에서 일했다. 수많은 직원들을 만나며 느낀 건, 직장인들이 얻으려는 것은 결국 자아 실현과 행복 추구라는 점이다. 이는 거창해 보이지만, 쉽게 말하면 좋은 근무 환경에서 만족할 만한 급여를 받고(행복 추구) 일을 통해 성장, 발전하는(자아 실현) 것이 궁극적인 바람이 아닐까 싶다.

　급여 부분은 직원 입장에서야 많으면 많을수록 좋을 것이다. 하지만 보통은 자신이 생각하는 스스로의 가치와 대비하여 회사의 급여 수준을 생각하게 된다. 예를 들어 학력이나 경력이 우수한 직원이 일을 잘하는데, 자신의 가치에 비해 급여 수준이 상대적으로 낮다고 생각할 가능성이 있는 것이다. 그러면 회사 입장에서는 높은 급여를 주면서 당장 활용하기 좋은 인원을 뽑을지, 아니면 부족한 면이 있지만 배우려는 열정이 있고 성실한 직원을 뽑아 가르치면서 성장시킬 것인지 선택해야 한다.

　또한 급여 문제는 당장 수령액과 미래 실현 가능한 보상을 묶어서 생각해 볼 수 있다. 초기 벤처 회사처럼 당장은 많은 급여를 주기 어려울 수 있지만, 대표 입장에서 회사가 커지고 성장하면 같이 고생했던 직원들에게 많은 보상을 해 주고 싶을 수 있다. 그렇다고 무작정 스톡옵션을 나누어 주는 것은 현실적으로 어렵다. 보통 벤처 기업의 투자자들이 스타트업에 투자할 때는 우수한 직원 스카우트를 위해 부여하는 스톡옵션 비중을 10%

정도로 보고 있다. 다만 이는 핵심 직원을 스카우트하기 위한 비중이고, 모든 직원을 대상으로 한 것은 아니다.

그리고 직원들도 실제로 이 스톡옵션을 그리 중요하게 여기지 않는 경우가 많다. 요즘은 코스닥도 생기고, 배달의 민족이나 요기요, 마켓컬리 등 벤처 기업들이 많은 투자금을 받거나 고가에 인수되기도 하지만 막상 상장되기는 쉽지 않다. 그리고 많은 중견·중소기업이 이러한 성공 궤도를 밟는 것은 아니다. 그러나 회사가 꾸준히 성장하고 있는 추세라면, '퀀텀 스톡옵션'에 대해서 한번 고려해 보는 것도 좋다. 이는 내가 L전자 모바일 핸드폰 미국 판매 법인의 법인장으로 있던 시기에 현지인 인사 담당 임원이 말해 준 내용이다.

퀀텀 스톡옵션의 정의는 정확히 알 수 없지만, 영어에서 비약적인 성장을 나타낼 때 'Quantum Leap'라는 표현을 쓴다는 걸 생각하면 여기에서 따온 말이 아닌가 싶다. 그 당시 L전자 모바일 핸드폰 미국 판매 법인은 그야말로 매년 비약적인 성장을 하는 중이었다. 모토로라와 노키아 등 굴지의 모바일 핸드폰 기업들을 제치며 CDMA 분야에서 북미 1위 판매량을 달성하기도 했다. 통상의 미국 회사였다면 이런 경우 많은 직원들이 스톡옵션으로 큰 돈을 벌 수 있었을 것이다. 그러나 내가 있던 조직은 미국 현지에 등록된 개별 법인이기는 했지만, 완전히 독립된 회사가 아니고 한국 모기업의 현지 법인 형태이기 때문에 직원들에게 스톡옵션을 부여하기 적절하지 않았다.

그 당시 인사 담당 임원이 설명한 퀀텀 스톡옵션은 회사의 매출과 이익 성장, 자산 증가 등을 감안해서(소위 주식에서 이야기하는 PER이나 PBR 등) 가상의 주식을 산정하는 것이었다. 현 시점의 시가 총액과 3년, 5년 후 시가 총액을 계산하여 직원에게 가상으로 주식을 배정하고 그 비율만큼 직원이 옵션을 행사하겠다면 그만큼 지급하는 방식이었다. 지속적으로 성장하고 있는 회사라면, 이 방식도 직원들의 장기 근속을 위한 동기 부여가 될 수 있을 것이다.

제주에 있는 한 기업은 회사에 이익이 나면 그 이익의 10%를 전 직원이 직급에 관계 없이 균등하게 N분의 1로 나누어 갖게 하는 제도도 있었다. 이 경우 하후상박 개념이 되긴 하지만, 상위 직급은 인센티브나 스톡옵션 등이 있을 수 있기 때문에 큰 불만 없이 적용할 수 있지 않을까 싶다. 금전적인 보상 외에도 회사 생활을 하며 성장과 발전을 해나갈 수 있고, 또 좋은 근무 분위기에서 일할 수 있다면 회사 생활을 오래 유지하는 원동력이 될 것이다.

직원들이 만족할 수 있는
근무 환경 요인

급여 외에도 직원들이 만족할 만한 근무 환경의 요인은 여러 가지가 있을 것이다. 기본적으로 출퇴근을 고려한 사무실의 위치와 디자인, 청결도 등의 물리적인 요소도 중요하다. 하지만 능력을 공정하게 인정받고 성장할 수 있는 환경, 상사나 동료들에게 따돌림 당하거나 무시받지 않는 건강한 근무 분위기 등이 더욱 중요하지 않을까 싶다. 물론 직장은 추구하는 공적인 목표가 있는 조직이기 때문에 직원들을 늘 감싸거나 따뜻하게 대할 수만은 없다. 직급에 있어서도 대상 인원 모두를 승진시킬 수 없으니 불만이 있는 사람도 나오기 마련이다. 하지만 이때 자신의 역량과 성과를 얼마나 공정하게 인정받았다고 느끼는지가 중요한 부분일 것이다.

넷플릭스의 창업주인 리드 헤이스팅스는 "회사 직원은 가족이 아니라 프로 구단의 선수와도 같다"고 말한 바 있다. 모두 동료애를 바탕으로 서로 협조하고 팀이 잘되길 바라지만, 가족은 아니기에 성적이 떨어지면 방출될 수도 있다. 그러나 이 경우에도 팀을 위해 당장의 성과뿐 아니라 갖추고 있는 역량까지 감안한 공정하고도 합리적인 평가 시스템이 필요할 것이다. 그래야 우수한 선수를 방출하지 않을 수 있고, 떠나는 선수뿐 아니라 남아 있는 선수들의 사기와 팀워크도 유지할 수 있다. 이렇듯 직장이 실질적으로 가족과 같을 수는 없지만, 직원들이 느낄 수 있는 다양한 환경 요인을 고려하여 더 좋은 근무 여건을 만드는 것 역시 인재 관리에 중요한 부분이다.

• 물리적 환경

근무 환경 요인 중에서 물리적인 부분은 직장에 대한 첫인상인 동시에 가장 기본적인 편의와도 관련이 있다. 나 역시 신입 시절부터 공장에서 근무했던 경험에 비추어 보면, 화장실과 구내 식당의 청결 등도 물리적인 근무 환경에 매우 중요한 요소 중 하나였다. 또한 개인적으로 알고 있는 자동차 관련 부품의 제조업체 중에는 기계와 소음이 가득한 공장 곳곳에 꽃이나 나무 화분을 배치해 둔 경우가 있었다. 통로에는 그림을 걸고, 휴식 시간에는 조용한 음악을 틀어 삭막한 작업 환경을 한층 친근한 분위기로 꾸몄다. 또 직원들 간의 공통 관심사나 친목 활동을 위한 동아리 등을 지원해 근무 환경을 훨씬 인간적이고 생산적으로 만들 수 있도록 했다.

• 복리후생

보통 기업이 얼마나 이익을 창출하느냐에 따라서 급여 수준과 함께 복리후생도 결정되기 마련이다. 다만 중소기업의 경우 어느 정도 이익이 뒷받침된다면 오히려 대기업보다 수준 높은 복리후생을 제공할 수도 있을 것이다. 마이더스아이티의 경우에는 사내 식당에 호텔 출신 주방장을 채용해 호텔 레스토랑 수준의 식사를 제공하고, 생일에는 가족들과 함께 저녁을 먹을 수 있도록 고퀄리티의 식사를 포장해 주기도 한다. 내가 알고 있는 또 다른 중소기업은 일반 콘도 회원권이 아닌, 365일 내내 지정된 방을 고정으로 쓸 수 있는 회원권을 끊어서 직원들이 이용할 수 있도록 하고 있다. 특히 아기가 있는 직원들이 함께 편하게 방문할 수 있도록 필요한 용품을 비치하기도 하고, 부모님을 편하게 모실 수 있도록 안마기 등을 두어 남다른 복리후생을 제공한다. 이러한 복리후생은 오히려 직원이 많은 대기업에서는 절대 흉내 낼 수 없는 수준이다.

• 조직 문화

물리적인 근무 환경을 포함해 상사와 동료가 서로 인정하고 아끼는 분위기를 만들어가는 것, 또 당장은 힘들어도 직원들이 꿈을 가지고 비전을 바라볼 수 있는 환경을 마련하는 것도 만족할 만한 근무 환경의 일부로 볼 수 있다. 다만 이를 위해서는 회사의 조직 문화가 뒷받침되는 것도 매우 중요하다. 많은 직원들이 대표이사보다는 상사나 동료와 관계가 힘들어 회사를 떠난다. 설령 가족이 아니라 스포츠 팀이라도 서로 인정하고 아끼는 조직을 만드는 것은 CEO 혼자서 할 수 없는 일이다.

그래서 조직 문화의 개선을 위해 코칭을 도입하는 기업들도 늘어나고 있다. 임직원들이 코칭 관련 교육을 받거나 리더들이 직접 코칭을 받기도 하면서 소통 중심의 창의적이고 상호 협력적인 조직 문화를 만들어 가고자 하는 것이다. 필요하다면 시중에 코칭에 관련된 책도 많고, 관련 서비스를 제공하는 회사들이 있기 때문에 참고하길 권한다. 사단법인 한국코치협회에서도 도움을 받을 수 있다.

• 보상과 비전

직원들이 꿈을 가지고 일하기 위해서는 회사의 비전을 공유하는 것은 물론, 비전이 이루어졌을 때 직원들에게 어떤 보상이 주어질지에 대해서도 구체화할 수 있어야 한다. 더 나아가 비전과 함께 회사가 추구하는 가치Value와 사명Mission에 대해서도 함께 정하고 공유하면 좋다.

역량 향상을 위한
교육 훈련

기업 입장에서는 직원들이 회사가 필요로 하는 일을 우수하게 처리해 나가기 위해 끊임없이 교육 훈련이 필요하다고 느낄 수밖에 없다. 군대가 당장 전쟁 상황이 아니더라도 끊임없이 훈련해야 실제 상황이 닥쳤을 때 우수한 전투력을 발휘할 수 있듯이 기업도 마찬가지기 때문이다.

기업은 산업혁명 이후 공장 생산성 향상을 위해 계속 노력해 왔고 최근에는 컴퓨터나 인터넷 등으로 사무실의 생산성 향상이 촉발되었다. 그리고 이제는 사물 인터넷과 인공지능, 빅데이터, 메타버스 등으로 비약적인 도약을 이루어 나가고 있다. 이렇게 과학 기술이나 산업이 끊임없이 발달하면서 기업에서도 변화하는 환경에 발맞추고 새로운 역량을 갖춰 나가는 지속적인 교육 훈련이 반드시 필요해진 상황이다.

기업의 입장뿐만 아니라, 직원 입장에서도 직장 생활을 통해 경력을 쌓으면서 인정받고 성장하려는 자아실현 욕구가 있을 것이다. 승진 등을 통한 지위의 향상에 대한 욕구뿐 아니라 역량의 향상으로 인한 성장과 발전을 바라게 된다. 이렇듯 회사 생활을 통해 지속적으로 성장하고 발전해나가려는 욕구가 있다면 교육 훈련의 필요성을 느낄 것이다.

그렇다면 이 교육 훈련은 어떻게 이루어질까. 많은 기업들이 해온 가장 간단한 방법은 바로 OJT On the Job Training이다. 조직 내 선배 사원이나 상사를 통해 자연스럽게 배우는 것이다. 하지만 이것만으로는 부족하기 때문에, 실제 기업 내에서는 신입 사원 교육이나 승진 교육을 별도로 진행하고 있는 경우가 많다.

교육 훈련은 주로 직군별(R&D 직군, 영업 직군, 재무회계 직군 등) 혹은 직급별(사원, 과장, 부장, 임원 등)로 매트릭스 방식을 짜서 진행한다. 다음 장에서 그 예시를 살펴볼 수 있다. 이렇게 직군별, 직급별로 필요한 교육 커리큘럼을 짜고 나면 그다음은 교육을 자체적으로 진행할지 혹은 외부 강사나 교육 기관에 의뢰할지 정해야 한다. 이때 중요한 것은 교육 프로그램을 짤 때 인사팀이나 교육 전담 부서에만 맡기지 말고 실제 교육을 받는 직원들의 의견도 반드시 참고해야 한다는 점이다.

회사 생활을 통한 역량의 성장과 성과에 따른 직위의 향상은 무엇보다 회사가 계속해서 발전해야 더욱 순조롭게 이루어질 것이다. 그렇지 않으면 하위 직급 인원이 진급하기 위해 상위 직급 인원이 퇴사를 해야 하는 상황이 된다. 기업에서는 최소 15% 정도의 매출과 영업 이익 등의 성장이 이루어져야 자연스럽게 적체 없는 승진 인사가 이루어질 수 있다고 본다.

그런데 그 기업이 속한 산업군이 이미 포화 상태라서 더 이상 성장하고 있지 않다면, 사업 포트폴리오를 점검하고 자사의 기존 역량으로 성장 가능한 새로운 산업군 진출도 검토할 필요가 있다. 앞서 설명했듯이 일본의 사진 필름 업체였던 후지 제록스사가 사양화되는 필름 사업을 넘어서 사업 다각화에 성공한 케이스를 참고해 봐야 한다. 또 이러한 사업 다각화를 위해 사내

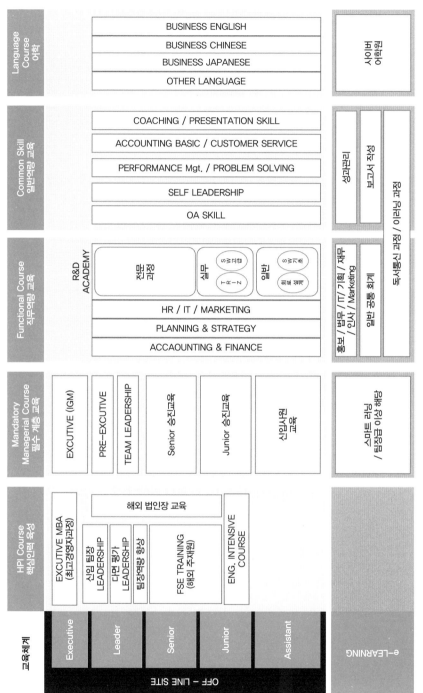

교육체계	HPI Course 핵심인력 육성	Mandatory Managerial Course 필수 계층 교육	Functional Course 직무역량 교육	Common Skill 일반역량 교육	Language Course 어학
Executive	EXCUTIVE MBA (최고경영자과정)	EXCUTIVE (IGM)		COACHING / PRESENTATION SKILL	BUSINESS ENGLISH
	해외 법인장 교육	PRE-EXCUTIVE	R&D ACADEMY	ACCOUNTING BASIC / CUSTOMER SERVICE	BUSINESS CHINESE
Leader	신임 팀장 LEADERSHIP	TEAM LEADERSHIP	전문 과정	PERFORMANCE Mgt. / PROBLEM SOLVING	BUSINESS JAPANESE
	다면 평가 LEADERSHIP		실무 MBA 과정 N-T-R	SELF LEADERSHIP	OTHER LANGUAGE
Senior	팀장역량 향상	Senior 승진교육	일반 기초 실무 설계	OA SKILL	
Junior	FSE TRAINING (해외 주재원)	Junior 승진교육	HR / IT / MARKETING		
			PLANNING & STRATEGY		
Assistant	ENG. INTENSIVE COURSE	신입사원 교육	ACCAOUNTING & FINANCE		

OFF - LINE SITE

e-LEARNING		스마트 러닝 / 팀장급 이상 해당	홍보 / 법무 / IT / 기획 / 재무 / 인사 / Marketing 일반 공통 회계 독서통신 과정 / 이러닝 과정	성과관리 보고서 작성 독서통신 과정 / 이러닝 과정	사이버 어학원

직급, 직급별 매트릭스 방식 교육 훈련 과정

벤처 등을 장려할 필요도 있다. 네이버는 삼성 SDS 사내 벤처였던 네이버 포트가 독립하여 만든 기업이고, 중견·중소기업이지만 대기업 이상으로 입사 경쟁률이 치열한 IT 업체 마이다스아이티도 원래는 포스코 사내 벤처로 출발한 기업이다. 분사된 벤처 기업들이 꼭 모기업의 계열사로 남아 있지 않더라도, 그 기업이 성공하면 모기업은 초기 투자에 따른 지분 가치 상승으로 엄청난 이익을 가져갈 수 있게 된다. 또한 많은 인력을 흡수해 주기 때문에 인사 적체를 해소할 수 있다.

2.
리더십도 시대 변화를
따라야 한다

재택근무 상황에서의
원격 리더십

최근 몇 년간 코로나의 확산으로 전 세계에서 방역을 위한 이동 금지 행정 명령 등이 내려졌다. 따라서 많은 기업도 불가피하게 재택근무를 급히 도입하게 되었다. 최근 일했던 해운회사의 경우에도 거의 전 세계 법인지사가 필수 요원을 제외하고 대부분 재택근무를 할 수밖에 없는 상황이 지속되었다. 재택근무로 인해 생산성이 올라갔는지 떨어졌는지 정확히 분석해 보지는 않았지만, 분명한 것은 회사의 업무가 중단되지 않고 영업이나 운영 활동이 비교적 정상적으로 계속되었다는 사실이다. 내가 근무했던 회사뿐 아니라 전 세계 모든 기업이 비슷한 상황이었을 것이다.

이렇다 보니 최근 기업이나 근로자 모두 재택근무를 보는 시각이 달라진 듯하다. 기업 입장에서도 꼭 비싼 돈을 들여 도심의 사무실을 유지해야 할까 싶고, 근로자 입장에서도 출퇴근 시간을 업무에 투자하면 시간은 여유로우면서 생산성은 더 올릴 수 있지 않겠느냐고 생각하게 된 것이다.

물론 재택근무가 사실상 어려운 업종도 있다. 예를 들어 제조업은 제조 현장에서 직접 기계를 다루고 작업을 해야 하는 부분은 재택근무로 치환되기가 아주 어렵거나 불가능하다. 제조업이 아니라 넷플릭스처럼 콘텐츠를 기획하고 제작하는 기업도 직원들이 모여 서로 이야기하고 논의하며 일을 해나갈 때 창의성이 더욱 발휘되고 생산성도 올라간다고 보고 있다.

반면 구글이나 애플 같은 경우 실리콘 밸리 지역의 살인적인 집세와 물가를 감안하면 굳이 모든 직원이 모여서 일할 필요가 있을까 하는 고민을 한다. Zoom을 이용해 필요할 때 사이버 공간에서 필요한 회의를 할 수 있고, 창의적인 아이디어도 각자 자유로운 환경 속에서 발휘할 수 있다고 보는 것이다. 이제는 많은 기업이 여건에 따라 변화하는 추세에 앞으로 어떻게 대응할지 생각해 봐야 하는 시점이다.

재택근무를 택한다면 생산성 유지와 각자의 자리에서 협업 가능한 소프트웨어 플랫폼을 찾아야 할 것이다. 또 각자 자신의 PC로 회사 서버에 접속해야 하니 보안 관련 프로그램도 알아볼 필요가 있다. 재택근무 확대의 필요성이 예상되는 기업이라면 IT 담당 직원을 통해 한번쯤 검토해 보는 것이 좋겠다. 이와 관련된 툴도 여러 가지가 있는데, 키보드나 마우스 등에 입력 변화가 없거나 단순히 스페이스바를 한 번 누르는 것 같은 무의미한 행동이 특정 시간 이어지면 직원과 상사의 모니터에 경고 창이 뜨는 식으로 작동하는 감시적인 툴도 있고, 원격 근무 생산성 향상이 주로 반영된 툴도 여러 가지가 있다.

시스템 변화 외에도 원격 근무 환경에서 상사의 리더십 변화도 필요해질 것이다. 최근 '원격 리더십' 관련된 책이나 논문이 많이 나와 있으니 참고하기 바란다. 〈원격근무 환경에서 상사의 리더십 역량에 관한 연구〉에 의한 원격 근무 환경에서 긍정적인 영향을 미치는 상사의 리더십 행동중 일부를 소개한다.[2]

---

2   감지연, 조현정, 백지연, 〈원격근무 환경에서 상사의 리더십 역량에 관한 연구〉, 2022

4장 한계를 뛰어넘어라

- 즉각적인 감정표현은 자제한다.
- 원격 근무의 불편함을 공감, 응원, 칭찬하고, 고용에 대한 책임감을 표현하여 긍정적인 분위기를 조성한다.
- 원격 근무의 어려운 점을 파악하고 적극적으로 해결한다.
조직 구성원의 원격 업무 상태에서의 업무 상황을 파악한다.

이와 같이 직원들의 입장에서 상사의 리더십 행동에 대한 의견을 고려하되, 상사의 입장에서는 여전히 직원들이 원격 근무에 충실히 임하는지 평가하고 보상해야 하는 문제가 남아 있다.

최근 많은 기업이 사무실 근무와 재택근무를 병행하는 하이브리드 형태를 취하고 있다. 전원 재택근무보다는 상당수 인원이 사무실 근무를 하되 직원들이 연차 휴가를 내듯 재택근무 신청을 해서 필요한 날 재택근무를 하는 환경이다. 필요할 때는 전원이 모여 회의도 하고 회식도 하는 등 서로의 유대감을 유지할 수 있을 것이다. 이럴 경우 직원들에게 각자 책상 하나씩의 지정된 자리가 있을 필요는 없기에, 대안으로 생각할 수 있는 것이 스마트 오피스 환경이다.

출근을 하면 마치 영화관에서 자리를 선택하는 것처럼 그때그때 자리를 골라 앉는 방식이다. 각자 사물함은 있으나 지정된 자리는 없으며 자리 구성 자체도 다양하다. 처음 도입할 시점에는 팀장이 부서원을 자기 책상 중심으로 모이게 하는 현상이 나타나기도 했는데, 재택근무가 일상화되며 팀장이 3층에서 일하고 직원이 5층에서 일하는 배치도 생겼다. 집에 있을 때와 큰 차이가 없으면서 필요 시에는 회의실 등에 잠깐 모일 수 있고, 이때도 재택근무자가 많다면 메타버스 등 사이버 공간을 활용할 수 있을 것이다. 이처럼 각자 자유롭게 정한 장소에서 몰입해서 일하는 것으로 생산성을 높일 수 있고, 같은 자리를 다수의 인원이 원할 때는 합의된 자리 배정 룰을 정해 두면 될 것이다.

관리자 없는 경영, 홀라크라시

사람은 누구나 남에게 지시받거나 행동을 통제당하는 것을 싫어하고, 자율적으로 행동하기를 원한다. 그러나 모든 사람이 자신의 이익이 아닌 전체의 이익을 위해 최선의 선택을 하거나 자발적으로 최선의 행동과 노력을 하는 것은 아니다. 국가처럼 큰 조직을 운영하기 위해서는 불가피하게 관리자와 업무 수행자 같은 상하 조직이 생기게 되고, 경찰이나 군대처럼 범죄자나 적국의 공격으로부터 국민의 안녕과 질서를 유지하기 위해 통제적인 방법이 동원되기도 한다.

기업은 국가만큼 큰 조직은 아니기 때문에 각자 스스로 의사

4장 한계를 뛰어넘어라

결정을 하고 자율적으로 일하는 시도를 하는 경우가 있다. 대표적인 예가 온라인 신발 판매 쇼핑몰을 운영하는 미국 '자포스'라는 업체다. 회사의 의사 결정에 대한 권한을 임원이나 팀장 등 상위 부서 책임자에게 두는 것이 아니라 회사 내 여러 업무를 구성하는 서클들이 각자 의견에 따라 고유 권한을 행사한다. 구성원들이 판단했을 때 그 일을 가장 잘 할 수 있는 사람에게 업무를 할당하고 의사 결정을 하도록 하며, 부서 간 의견 조율이 필요할 때는 각 서클에서 선정된 사람들이 모여 회의를 통해 결정한다. 이를 홀라크라시Holacracy라고도 하는데 전체를 뜻하는 그리스어 'holos'에 기초를 둔 신조어 'holachy'와 통치를 뜻하는 'cracy'가 합쳐진 단어다.

자포스의 CEO인 토니 셰이는 "사내 관료주의 때문에 혁신이 둔화되고 창업 당시 자유분방했던 조직 문화가 힘을 잃고 있다고 생각하여 이를 타파하기 위해 새로운 경영 방식을 도입했다"고 밝혔다. 보스가 없는 완벽한 수평 구조의 조직을 만들기로 한 것이다. 파격적인 제도의 도입으로 진통도 많이 따랐지만 창업자가 뚝심 있게 밀어붙인 덕분에 자포스에서는 이 방식이 어느 정도 성공적으로 자리를 잡은 듯하다.

현재 전 세계의 많은 비영리 법인 단체들이 이러한 제도를 도입해서 쓰고 있고, 국내에서는 수입 유통 기업인 '코넥솔루션'이라는 기업이 도입 초기에 시행착오를 거쳤으나 지금은 극복하여 잘 활용하고 있다고 알고 있다. 벤처로 출발하여 성공한 많은 기업들이 조직이 커지면서 관료화되고 창업 초기의 열정과 자유분방함을 잃어 간다고 느끼는 시기가 있는데, 그럴 때 한번쯤 연구해 볼 만한 제도가 아닐까 싶다.

이외에도 기업을 운영하는 여러 방법이 있다. 리드타임이 긴 프로젝트 등을 수행할 때 이해관계자들의 피드백을 그때그때 받으며 시행착오를 줄이고 진도를 관리하는 민첩한 조직 문화 구축을 위한 애자일Agile 조직을 운영할 수도 있고, 급변하는 환경 속에서 분기 단위로 계획을 수립하고 평가하며 수정해가는 OKR 제도는 구글 등 실리콘 밸리의 많은 IT 기업이 활용하고 있다. 상세히 소개하지는 않았지만, 관심이 있다면 따로 공부하거나 전략 담당 직원을 통해 연구해 보기를 권한다.

무엇보다 새로운 경영 제도를 조직 전반에 일시에 도입하기보다 회사 내 한두 개 조직에 먼저 적용해 보고 시행착오를 통해 개선한 뒤, 적용 조직을 확대하는 방식도 좋다.

4장 한계를 뛰어넘어라

글로벌 성장을 위해
훅하고 딜하라

최근 몇 년 사이에 쿠팡이나 GS리테일, 배달의 민족 등 기존의 이커머스 플랫폼들이 B2C를 넘어 기업 고객을 대상으로 하는 B2B 전용몰을 오픈했다는 소식이 들린다. 한국무역협회에서는 오는 2027년 글로벌 B2B 이커머스 시장 규모가 지난 2019년 대비 71％나 성장하여 약 20조 9천억 달러에 이를 것이라고 전망했다. 그만큼 국내 B2B 시장은 지속적으로 성장세에 있으며 경쟁도 치열해지는 추세다.

기존에 B2C 사업을 하고 있던 기업들도 점차 성장 범위를 넓히며 B2B 분야로 사업을 확대하는 경우가 늘어나고 있다. 아무래도 B2B는 기업 고객을 대상으로 하기 때문에 비교적 건당 매출 폭을 크게 높일 수 있고, 또 지속적이며 안정적인 방식으로 거래가 이어지는 경우가 많다는 장점이 있다. 한번 협약이 이루어지면 동시에 여러 건의 계약이 체결되기도 한다.

다만 B2B 사업은 기업 고객, 즉 각 분야 전문가들을 대상으로 하며 구매 의사 결정 단계가 복잡하기 때문에 B2C에서의 노하우와는 전혀 다른 방식으로 접근해야 한다. 제품이나 서비스에 대한 실적을 인정받아야 거래가 이어질 수 있기 때문에 비교적 더 까다롭고 접근성이 높게 여겨질 수 있다.

물론 이미 B2B 사업을 잘 시행하고 있는 글로벌 기업이나 국내 대기업들도 있지만, 아직 시스템이 잘 갖춰져 있지 않은 중견·중소기업이라면 B2B 비즈니스를 시작하는 데 어려움을 느낀 경우가 많았을 것이라고 본다. 설령 대기업이라도 B2B 사업 쪽으로 처음 입문하는 경우에는 B2C 경험과 또 다른 프로세스가 필요해진다. B2B 제품의 생산이나 유통망 등에 대한 이해가 없다면 실질적으로 기존 기업을 따라가거나 새로운 발전을 도모하기 어려울 것이다.

B2B 비즈니스의 새 지평을 열고 성장하는 데 각 단계별로 도움이 되길 바라는 마음으로 경영부터 마케팅, 또 인재 관리까지의 내용을 전반적으로 다뤄 보았다. 실제로 경험한 다양한 사례를 담아 처음에는 막연할 수 있는 B2B 해외 진출에 조금 더 구체화하여 와 닿을 수 있도록 노력했다. 선진 B2B 기업들의 프로

세스와 비교해 볼 때 우리가 부족한 점은 무엇인지를 찾고, 정확한 진단을 통해 더욱 성장하고 발전해 나가는 기반으로 삼았으면 한다.

어떤 기업이든 처음에는 창업자 한두 명이 작은 골목에서 소소하게 시작하기 마련이다. 트렌드를 읽고 본질적으로 콘텐츠의 힘을 갖추어 스스로의 강점을 키워 가되, 끊임없이 피드백하며 자사에 걸맞은 프로세스를 구축해 나간다면 기회는 반드시 찾아올 것이다. 튼튼한 날개가 준비되었다면 이제 글로벌 시장으로 나아가 날개를 활짝 펼치길 바란다. 오랫동안 상상하던 꿈이 한 뼘 더 선명하게 가까워져 있을 것이라 믿어 의심치 않는다.

B2B 경영, 훅하고 딜하라

배재훈 전 현대상선 대표의 글로벌 시장 정복 전략

초판 1쇄 발행 2022년 11월 23일

지은이·배재훈
펴낸이·박영미
펴낸곳·포르체

편   집·임혜원, 김성아, 김민혜
마케팅·고유림, 손진경

출판신고·2020년 7월 20일 제2020-000103호
전화·02-6083-0128 | 팩스·02-6008-0126 | 이메일·porchetogo@gmail.com
포스트·https://m.post.naver.com/porche_book
인스타그램·www.instagram.com/porche_book

ⓒ 배재훈(저작권자와 맺은 특약에 따라 검인을 생략합니다)
ISBN 979-11-92730-05-9(03320)

여러분의 소중한 원고를 보내주세요.
porchetogo@gmail.com